本书由中央财政支持贵州财经大学
民族学重点学科建设经费资助出版

民族文化旅游预开发地区的
文化保护预警研究

张中奎 ◎ 著

中国社会科学出版社

图书在版编目（CIP）数据

民族文化旅游预开发地区的文化保护预警研究/张中奎著.
—北京：中国社会科学出版社，2016.5
ISBN 978 - 7 - 5161 - 8604 - 6

Ⅰ.①民… Ⅱ.①张… Ⅲ.①民族地区—旅游资源开发—民族
文化—保护—研究—西南地区 Ⅳ.①F592.77 ②K280.7

中国版本图书馆 CIP 数据核字（2016）第 170180 号

出 版 人	赵剑英	
责任编辑	卢小生	
责任校对	周晓东	
责任印制	王 超	
出　　版	中国社会科学出版社	
社　　址	北京鼓楼西大街甲 158 号	
邮　　编	100720	
网　　址	http://www.csspw.cn	
发 行 部	010 - 84083685	
门 市 部	010 - 84029450	
经　　销	新华书店及其他书店	
印　　刷	北京金瀑印刷有限责任公司	
装　　订	廊坊市广阳区广增装订厂	
版　　次	2016 年 5 月第 1 版	
印　　次	2016 年 5 月第 1 次印刷	
开　　本	710 × 1000　1/16	
印　　张	11.25	
插　　页	2	
字　　数	171 千字	
定　　价	46.00 元	

目　　录

第一章 绪论

第一节 研究背景及意义

一 研究背景

2009年《国务院关于加快发展旅游业的意见》中提出，要把旅游业培育成为国民经济的战略性支柱产业和人民群众更加满意的现代服务业两大战略目标。[①] 应对国家的战略发展需求，我们必须对这一系列问题进行认真思考和研究，采取切实有效的措施，加快转变旅游业发展方式，推动旅游业又好又快、更好更快地发展。旅游业的发展具有综合带动效应，能够为经济、文化、生态和社会和谐文明方面提供更多的帮助。目前，发展民族旅游已经成为我国西南经济较为落后的少数民族地区经济增长的主要路径之一。然而，在许多人的眼里，民族文化保护与民族文化旅游开发是一对矛盾，不合理的民族旅游开发会给当地民族文化带来许多消极影响和负面效应，如制造出许多"伪文化"，导致"文化庸俗化""文化低俗化"等，如何在民族文化保护与民族文化旅游发展之间寻求可持续发展的路径已成为当前民族旅游地区的地方政府所面临的一大难题。这一领域的研究涉及民族学、旅游学、管理学、经济学等学科，同时也关系到民族地区社会、经济发展和当地少数民族群众自身经济发

[①] 《国务院关于加快发展旅游业的意见》（国发〔2009〕41号），中央政府门户网站，http://www.gov.cn/zwgk/2009-12/03/content_1479523.htm，2009年12月3日。

展的诉求、文化保护的本能，该领域的研究具有理论和实践双重意义。

近三年世界旅游日的主题口号分别是：

2011 年："旅游——连接不同文化的纽带"。

2012 年："旅游业与可持续能源：为可持续发展提供动力"。

2013 年："旅游与水：保护我们共同的未来"。

视野回到中国：

2011 年，中国旅游宣传主题："2011 中华文化游"；旅游宣传口号："游中华，品文化"。

2012 年，中国旅游宣传主题："2012 中国欢乐健康游"；宣传口号："旅游、欢乐、健康"，"欢乐旅游、尽享健康"，"欢乐中国游、健康伴你行"。

2013 年，中国旅游宣传主题："2013 中国海洋旅游年"；宣传口号："爱旅游、爱生活。"

从以上信息可以看出，无论是世界范围内的旅游，还是中国的旅游，都已经把"可持续发展"、"健康"、"文化"这些关键词作为宣传的重点。

目前，国际旅游业发展的总体趋势在向以弘扬民间文化、展现民族风采的民族文化旅游靠拢。最近二十年，国内民族文化旅游同样也在如火如荼地开展。在民族文化旅游发展的同时，出现很多问题。过去我们乐观地认为旅游产业是无烟产业、绿色产业，大家面对国内东部地区工业化带来的生态环境污染问题深恶痛绝，但是，对西南这些年来发展旅游业带来的文化环境污染、文化生态的破坏却熟视无睹，或者认为无伤大雅，先把经济发展上去再来关心这个问题，制定的规划、政策和措施对旅游带来的文化破坏、文化"污染"问题重视程度不够或者只字不提。

国内很多民族地区都将积极发展旅游业作为促进地方经济发展的重点。从中国西南地区云贵川的旅游业近些年的发展现状来看，2011 年，四川全省接待入境旅游者 163.97 万人次，同比增长 55.9%；国内旅游人数约 3.5 亿人次，同比增长 28.9%；全年旅游

总收入达 2440 多亿元。① 2011 年云南省全省接待国内外游客 1.67
亿人次，比 2010 年增长 18%；接待海外旅游者 395.4 万人次，同
比增长 20.1%，高于全国 17 个百分点；旅游总收入超过 1300 亿
元，比 2010 年增长 29.7%，均创历史最好水平。② 2011 年，贵州
省旅游经济保持良好的发展态势，实现旅游总收入 1429.48 亿元，
同比增长 34.7%；接待旅游总人数 1.7 亿人次，同比增长
31.8%。③ 2012 年，贵州省全年接待旅游总人数 2.14 亿人次，同比
增长 25.75%；旅游总收入 1860.16 亿元，同比增长 30.13%，两项
指标分别高于全国平均水平 10 个百分点和 16 个百分点。④ 2013 年，
贵州省预计全年全省旅游总收入 2370 亿元，接待游客 2.67 亿人
次⑤，接近四川省 2011 年的旅游总收入。贵州的旅游资源很多，
民族文化旅游是最大亮点，民族文化旅游已成为贵州旅游近些年
的发展极。但是，民族村寨发展旅游问题多多，民族文化的核心
价值观因旅游业的冲击发生了明显的退化，这些严重影响村寨的
形象。⑥

就西南地区而言，云南、四川、重庆等省市的旅游开发得比较
成熟，贵州旅游开发相对较晚。"多彩贵州"启动以来，贵州旅游
业发展进入一个新阶段，准备开发和已开发旅游地区的地方政府都
跃跃欲试，意欲发展旅游业或扩大已有的旅游业规模。笔者对旅游
预开发地区的文化保护预警研究，立足于实证，选择贵州省文物局

① 《2011 年四川全年旅游总收入突破 2000 亿元大关的背后》，《四川日报》2012 年
1 月 31 日第 4 版。
② 《2011 年云南省旅游总收入超过 1300 亿元》，云南网，http://qcyn.sina.com.cn，2012
年 2 月 12 日。
③ 《贵州省 2011 年旅游总收入 1429.48 亿元 同比增长 34.7%》，《贵州日报》
2012 年 2 月 16 日第 5 版。
④ 《贵州 2012 年旅游收入逾 1860 亿元 同比增长三成》，中国新闻网，2013 年 2
月 27 日。
⑤ 《2013 贵州旅游亮点频闪 旅游总收入 2370 亿元》，中国新闻网，2014 年 1 月 6
日。
⑥ 田艳：《民族村寨旅游开发中的利益补偿制度研究》，《广西民族研究》2010 年第
4 期。

公布的村落文化景观保护单位雷山县西江镇控拜苗寨、榕江县栽麻乡大利村、荔波县水利乡水利大寨、亚洲第一座生态博物馆梭嘎所在地——六枝特区梭嘎乡陇嘎村以及四川汶川县龙溪乡阿尔村①作为研究的田野点。据笔者的前期田野调查，这五个田野点都已经被当地旅游部门纳入旅游规划的日程，正在筹集资金修建柏油路、村寨步行道、旅馆、停车场、排污沟渠等基础设施。例如，李天翼等编制的《雷山县"十二五"旅游发展规划》中，"苗族银匠第一村——控拜"正在作为宣传的主题，政府计划在2013—2014年投入1000万元作为基础设施建设经费。《榕江县2011—2020年旅游发展规划》中，重点建设的旅游景区和旅游村寨中就有榕江县大利村，计划总投资是2000万元。笔者田野调查中，从地方政府所获的《荔波县水利水族乡"水族第一卯"文化建设项目申报书》，就预计争取政府投资720万元建设荔波县水利大寨的旅游基础设施。四川汶川县龙溪乡阿尔村真正进入大众视野并开始进行民族旅游规划是在2008年汶川地震之后。震后阿坝州的汶川、理县、茂县政府都纷纷将民族旅游开发纳入了整体规划，借抢救羌族文化的东风，阿尔村自然也加入了这一声势浩大的旅游开发运动之中。贵州六枝特区的党委和政府目前正把梭嘎生态博物馆所在地陇嘎村当作旅游景点来开发，纳入贵州省重点建设的100个旅游景区之一。

此外，这五个民族村寨都曾经被中央电视台、贵州电视台、《贵州日报》、《贵州都市报》、《贵阳晚报》、《四川日报》以及日本、中国台湾、中国香港等国家和地区的电视台及各种杂志专题报道过，也各自拥有官方授予的种种荣誉称号，拥有各式各样的"文化资本"。例如，20世纪90年代，雷山县控拜村列入贵州省苗族银饰艺术之乡，2006年控拜村为首批国家级非物质文化遗产苗族银饰

---

① 四川汶川县阿尔村是2008年汶川地震后四川省政府在灾后重新确定为乡村旅游发展点，课题组成员之一西南民族大学教师肖坤冰建议为研究田野点。课题设计中原来的田野点选择贵州省锦屏县的文斗苗寨，该地风景秀美，民族风情浓郁，但因为政府缺乏资金，迟迟未有开发的动议，已经不符合旅游预开发地区的田野要求，故将其改为四川汶川县阿尔村。

锻制技艺代表作名录，2008 年 10 月，贵州省文物局将控拜村列为"贵州省村落文化景观保护示范村"和"贵州省村落文化景观保护探索示范点"。贵州榕江大利侗寨被背包客誉为"深山明珠"，成为背包客向往的贵州原生态旅游目的地之一。荔波水利大寨被国家文化部命名为水族文化发展研究基地。亚洲第一座生态博物馆所在地六枝特区陇嘎村被列入梭嘎民族生态文化旅游创新区，属于贵州省重点建设的 100 个旅游景区之一。四川汶川县龙溪乡阿尔村是羌族古老文化、民风民俗保留得最为原始与完整的少数羌寨之一，被誉为"云端的阿尔村""羌文化的活标本"等。

2011 年年底，贵州省委十届十二次全会上通过"推动多民族文化大发展大繁荣"的意见，提出未来几年，贵州将实施全省文化遗产保护"百村计划"。目前，贵州省文物局选取作为首批试点的村寨就有榕江大利村、雷山控拜村等。"百村计划"在试点村开展的项目内容主要包括以下八个方面：（1）景观和建筑保育；（2）社区组织建设；（3）文化遗产保护及传承；（4）传统手工艺提升；（5）文化产品传播推广；（6）深度文化旅游；（7）产业综合发展；（8）培训及综合管理。[①] 政府积极主动地介入，恰恰说明笔者当下研究问题的重要性、必要性和紧迫性。

以上种种原因，使得这五个民族村寨近年来名声在外，大量游客和研究人员纷纷慕名而来。在对旅游预开发地区研究的选点上，这些民族村寨具有一定的代表性，足以代表西南旅游预开发地区的典型案例。

笔者对旅游预开发民族村寨进行文化保护预警研究，针对游客与民族旅游目的地当地人之间在文化系统、族群文化多样性、社会认同、民族旅游目的地社会发展、社会权利和生态保护等方面的关注，这将有助于在规划具体的民族旅游项目时，不但要考虑到旅游能够带来经济利益的好处，而且能够清醒地认识到在开发过程中需

---

① 转引自《2013 年贵州省文物保护研究中心招聘启事》，参见 http：//www.ynpxrz.com/n392401c1222.aspx。

要加强民族认同，保护当地独特的民族文化。国内近些年来民族文化旅游的文化性持续降低、缺乏文化生命力，甚至出现了有意构建的"伪民俗"，这些都是对民族文化的肆意践踏与破坏，而这种破坏性的民族旅游开发不但未能给该民族旅游地的民众带来经济社会发展的福音，而且还会对当地民族文化带来毁灭性的灾难，破坏民族文化的原真性。在针对中国民族旅游发展的研究方面，以往的研究多是站在旅游开发的角度上对民族旅游进行分析，而对于在开发过程中怎样保护当地民族文化的相关研究极其匮乏，对于当地民众参与旅游时持何种态度？对于旅游在介入当地民众的日常生活之后，如何影响当地的传统社会以及民族文化？这些问题都还没有相应的学术研究跟进。如何未雨绸缪，对旅游预开发地区进行文化保护预警研究？如何有计划地使当地民众参与旅游发展、为当地民众带来经济效益的同时，尽可能地保护当地的民族传统文化，提高民族自豪感、提升对本民族文化的认同度？如何在发展民族旅游与保护民族文化之间寻求平衡？如何实现现代化冲击下民族传统文化的传承保护及发展？如何协调少数民族享受现代化便利与维持传统生活方式？这些问题都将成为本书要讨论的重点。

二　研究意义

中国是一个统一的多民族国家，解决各族人民的经济社会发展问题是执政党持续不断地探索的难题。西南地区的少数民族村寨以其资源独特的优势，成为乡村改变经济结构、实现经济发展壮大的有效途径。目前，中国西南地区的许多民族聚居区正陆续开展"旅游促发展"的实践，且取得了不错的经济效益。例如，云南省着力打造"七彩云南"的民族文化旅游品牌，实施以民族旅游带动经济社会发展的战略，民族旅游已经成为该省的经济龙头产业，旅游收入成为该省国民收入的重要组成部分。四川则是自然风光和民族文化风情两张牌各占一半，因为该省有多处世界自然遗产地，并且有甘孜、阿坝、凉山、北川等少数民族自治州、自治县。贵州省积极学习云南、四川的做法，推出"多彩贵州"的民族文化旅游名片，主打的也是丰富多彩的民族文化。当然，近些年来，经过贵州省各级党委和政府的努力，侗族大歌在 2009 年入选世界文化遗产名录，此外，荔波茂兰喀斯特原始森林、赤水丹霞地貌、施秉云台山喀斯特地貌也陆续进入世界自然遗产地名录。

无论各省发展民族旅游的具体方案如何，民族地区的旅游主管部门的思路和目标都是希望通过开展民族旅游来带动地区经济文化社会的全面发展。少数民族村寨旅游开发将会影响到经济文化社会发展的方方面面，具有广泛的综合效益。

第一，差异性是产生旅游动机的重要诱导因素。[①] 民族地区发展旅游主要以民族文化为特殊吸引物，失去了独具韵味的民族特色，发展民族旅游来带动经济社会发展将是南柯一梦，民族旅游地的生命周期将大大缩短，迅速走向衰落。面对当前普遍存在的由于民族旅游带来的文化同化现象，如果没有一个好的解决方案，那么民族旅游的吸引力将大大削弱。开展民族旅游是有巨大风险的，有可能成本都没有找回就因为民族文化遭到破坏而导致游客不愿意将其作为旅游目的地了，成为另类的破败乡村。

第二，任何文化都具有不可再生性，一旦消亡将不会重生，即便重生，此"文化"已不是原来的"文化"。从保护人类文化多样性的角度出发，保护、传承和发展民族文化将成为我们尊重人类自身，协调不同地区、不同民族文化之间和谐发展的一种人文精神体现。因此，积极探索旅游预开发地区少数民族村寨的文化保护预警研究将对中国西南地区的民族旅游有现实的参考价值和理论指导意义。

相对而言，实践层面上，旅游开发在西南广大的贫困地区，特别是民族地区呈现遍地散花的局面。一直以来，西南地区特别是贵州省，各级政府较为重视少数民族贫困地区的经济发展问题，并率先在一批民族文化特色鲜明、开发条件较好的地区，如雷山县西江千户苗寨、雷山朗德苗寨、黎平肇兴侗寨、安顺天龙屯堡、花溪青

---

① 郑洪芳、王宏晓：《论旅游业先导产业地位的确立和旅游城市的发展》，转引自《中国都市人类学会文集》，中国民航出版社 1997 年版，第 56—108 页。

岩古镇等地实施了旅游开发，并取得一定的经济效益和社会效益。然而，由于文化保护预警机制的不足乃至缺失，旅游发展对民族文化造成了较大的冲击和破坏。例如，民族地区传统的文化内涵普遍被同化，民族文化日益商品化，民族文化庸俗化现象泛滥成灾，民族文化价值观日益扭曲、退化与遗失。针对这些负面影响的加剧，有识之士大声疾呼：发展乡村旅游应警惕将当地文化"连根拔起"的问题。[①]

有学者指出，日本乡村旅游对国内外游客有着特殊的吸引力，很大程度上归因于其独特的传统文化保存完好。日本的乡村旅游带动了各地经济的发展，强化了地方文化认同，是对传统文化的重构和再创造。不过，一些乡村地区的旅游开发也带来了自然资源的破坏，并使传统文化发生了异化。[②] 贵州旅游业发展同样存在同质化、文化异化问题，国家旅游局副局长杜一力在《贵州旅游业发展对全国旅游业的意义》讲话中就善意地提醒说："后发地区成功赶超一定是协同发展、错位发展。新兴产业是渐次发展的，各地发展的时序节奏在总体规划中要配合。要特别警惕各地不当竞争的教训，特别警惕城市的雷同，特别不提倡近距离模仿旅游产品……人无我有，人有我特，贵州旅游贵在多彩。"[③] 过去，暴露出来的种种问题表明，发展民族旅游需要我们事先进行研究，总结经验教训，做好详细的规划。就旅游开发与民族地区的文化保护这一问题而言，以往的研究主要关注旅游开发比较成熟地区的民族文化保护问题，而本书重点关注相对封闭、相对"落后"、相对冷清的民族旅游预开发地区的文化保护预警问题。

---

① 张小军：《甘肃省旅游城市体系研究》，《中国人口·资源与环境》2006 年第 2 期。

② 伍乐平等：《乡村旅游与传统文化重构——以日本乡村旅游为例》，《生态经济》2012 年第 5 期。

③ 杜一力：《贵州旅游业发展对全国旅游业的意义》，新华网贵州频道，http://www.gz.xinhuanet.com/2013－08/21/c_ 117037169.htm，2013 年 8 月 21 日。

第二节　研究现状

国外旅游人类学家涉及民族旅游的研究较早，最早给民族旅游下定义的是史密斯，他在主编的《东道主与游客——旅游人类学研究》中认为："民族旅游：推销这样的旅游，主要是以当地'奇异'的及通常为异域的民族风俗习惯为特色。"① 史密斯认为，环境旅游是从属于民族旅游的，因为"它吸引一些旅游精英到边远的地区去旅游，感受一种真正完全不同的经历。由于环境旅游是指地理方面的，所以，许多想接受教育的旅游者很喜欢到大山和农村去观察人与自然的关系"。②

此外，美国旅游人类学家布鲁纳在《民族旅游：一个族群，三种场景》一文中认为："（在民族旅游中）从外国或本地来的旅游者在旅游中可以观察其他民族，这些民族不仅被认为有明显的身份特性、独特文化和生活方式，而且通常被贴上种族、民族、少数民族、原始的、部落的、乡下的或农民的标签。"③

综上所述，国外学术界都已对民族旅游达成共识，认为这种旅游是以当地人独特的生活方式作为亮点来吸引游客而开展的。这些学者在研究民族旅游时，以特定的民族旅游村寨或者是民族聚居区旅游业的发展情况作为个案，研究结论虽然没有直接以国内民族村寨作为研究的出发点，但这些结论为国内处于同一发展水平的其他民族村寨旅游业发展提供了间接的理论依据。

国内研究民族文化旅游较早的是潘定智，他在《贵州民族文化的旅游开发价值》一文中提出："人们在各自的居住地，都已创造

---

① ［美］瓦伦·L.史密斯主编：《东道主与游客——旅游人类学研究》，张晓萍等译，云南大学出版社 2007 年版。

② 同上。

③ 爱德华·布鲁纳：《民族旅游：一个族群，三种场景》，转引自杨慧、陈志明、张展鸿主编《旅游、人类学与中国社会》，云南大学出版社 2001 年版。

和享用自己社区文化，这种社区文化已满足他们的物质和精神的基本需要……人们越来越追求一种新颖而奇异的文化，以满足他们的新奇感，满足他们对新的物质和精神的文化需求，这就需要到外地旅游、观光、享用。"①

此外，金颖若在《试论贵州民族文化村寨旅游》一文中把民族文化村寨定义为："那些历史悠久、在一个至多个文化要素，或一项至多项民俗事项具有显著特色，能够成为某个特定民族在某一地域的典型代表的村寨。"②

罗永常在《民族村寨旅游发展问题与对策研究》一文中认为，外力作用下自上而下发展民族村寨旅游的结果将是"旅游扶贫，越扶越贫"，提出解决方案是民族村寨要实施社会性的旅游发展观，鼓励村民参与旅游，提高社区的自我发展能力。③

蒋丽芹在《少数民族村寨旅游资源开发与可持续发展战略研究》一文中，以贵州省凯里市麻塘革家村寨作为研究个案，指出少数民族村寨旅游开发在强调个性和特色的基础上，要注重民族文化和生态环境的保护。④

姚顺增在《旅游区村寨的商品经济观念探析》一文中提出，旅游区附近的村寨商品经济一般比较发达，村民的商品经济意识提高迅速。他研究了云南少数民族村寨经济发展的整个历程，即旅游资源得到充分利用，并产生经济效益从而带动其他行业快速发展起来；最终形成旅游区商品生产格局。⑤

然而，上述研究存在一些问题，所得的结论大多没有经过深入的论述，或存在以偏概全的现象，无法形成一个完整的逻辑缜密的理论体系。

---

① 潘定智：《贵州民族文化的旅游开发价值》，《贵州民族研究》1993 年第 1 期。
② 金颖若：《试论贵州民族文化村寨旅游》，《贵州民族研究》2002 年第 1 期。
③ 罗永常：《民族村寨旅游发展问题与对策研究》，《贵州民族研究》2003 年第 2 期。
④ 蒋丽芹：《少数民族村寨旅游资源开发与可持续发展战略研究》，《江南大学学报》2005 年第 4 期。
⑤ 姚顺增：《旅游区村寨的商品经济观念探析》，《民族工作》1998 年第 8 期。

另外，相关著作对民族文化旅游的研究多有涉及。有的研究注意到民族旅游发展过程中出现的不和谐问题，吴晓萍在其主编的论文集中刊发有《浅析民族地区旅游可持续发展的某些限制性因素》和《民族地区旅游开发与民族社区的可持续发展》两篇论文，均以民族文化旅游发展为例，指出民族地区旅游发展过程中出现了诸多矛盾，如收入分配不公引发的利益冲突，过度开发导致的环境恶化等。她认为，这些现象在搞旅游开发的民族村寨中广泛存在，有关部门必须引起重视。① 中国西部地区发展民族旅游现在已经成为一种普遍的现象，相关研究文章众多。其中，王萍在《旅游人类学视角下的剑川石宝山歌会》中，着眼云南大理地区剑川石宝山歌会的发展和变迁，从旅游人类学的视角，分析在当地旅游开发过程中形成的对歌会的保护，不同文化表述和开发意见，探讨在旅游业快速发展的现代背景下，歌会文化如何得以保护。②

2012 年 1 月 12 日，国务院颁布了《关于进一步促进贵州经济社会又好又快发展的若干意见》（以下简称《意见》），明确了贵州的五大战略定位，其中之一是将贵州发展成为文化旅游发展创新区。③ 围绕落实《意见》提出的推进"三州"（即黔东南州、黔南州和黔西南州）等民族自治地区加速发展的要求，我们需要着重研究如何在体制机制上创新，加大政策支持力度，增强民族地区自我发展能力等，实现"三州"等民族自治地区团结、繁荣、进步。贵州省十二届人大一次会议通过的《政府工作报告》中指出，要重点打造 100 个旅游景区建设，以"做新做实现代服务业"为目标，以《贵州生态文化旅游创新区产业发展规划》为指导，立足于文化与旅游业深度融合，加强旅游景区品质品牌建设，深入挖掘文化节内涵，打造著名旅游目的地，加强景区旅游基础设施建设，提高旅游景区综合管理能力等重要工作目标，努力把旅游业做特、做优、做

① 吴晓萍主编：《民族旅游的社会学研究》，贵州民族出版社 2003 年版。
② 王萍：《旅游人类学视角下的剑川石宝山歌会》，《生态经济》2005 年第 2 期。
③ 国务院：《关于进一步促进贵州经济社会又好又快发展的若干意见》（国发〔2012〕2 号）2012 年 1 月 12 日。

强。把贵州省建设成为符合资源禀赋和市场需求的国内一流旅游目的地，提升旅游景区服务质量。加强旅游景区整体包装、对外宣传和市场营销，增强旅游景区知名度和影响力。目前全省项目带动，所布局的 5 个 100 工程，至少有 4 个 100 与旅游直接相关，即 100 个旅游景区、100 个城市综合体、100 个小城镇和 100 个高效农业示范点都将是旅游产业的支撑点，是旅游产业体系的有机组成部分。[①]

有学者在研究中以贵州省黔东南苗族侗族自治州民族文化资源开发利用过程中存在的问题入手，提出与苗侗村寨区位、地理环境、资源品质及客源市场相适应的、充分调动各方面积极性的少数民族村寨保护和发展旅游的项目建设模式、产品类型，强调可持续发展模式应是建立在自然环境、人文环境的有形遗产、无形遗产进行整体保护、原生地保护、居民自己保护和在发展中保护的基础上，把"富民、保护和促进社区发展"有机结合。[②] 在大力发展贵州旅游业的形势下，做好富有预见性的民族文化保护研究，已经成为学界的当务之急。专家学者在面对民族旅游可能导致灭顶之灾的局面时，已经不可能泰然处之，置身事外。针对诸多民族旅游目的地发展不成熟、不完善的特点，笔者认为，对那些亟待开发的民族旅游目的地展开未雨绸缪的文化保护预警研究尤为必要。必须先实施规划性的保护，再严格按照规划进行有序的旅游开发，避免破坏之后再来检讨的"事后诸葛亮"。

第三节　研究内容、方法及创新之处

一　研究内容

西南地区民族村寨如此之多，一一进行研究既不现实，也没必

---

① 《贵州：着力打造重点发展平台　大力推进"5 个 100 工程"》，新华网 http：//news. gog. com. cn/system/2013/01/29/011947591. shtml，2013 年 1 月 29 日。

② 白伟岚等：《民族文化资源开发利用及其原真性保护——以黔东南苗族侗族自治州为例》，转引自《风景园林与城市生态学术讨论会论文集》，2008 年。

要。在旅游开发之前，诸多民族村寨村民数百年来几乎过着与世隔绝的生活，没有接待游客、搞旅游业的经验，面对外来者的"入侵"，措手不及，如同没有安装杀毒软件和防火墙就连接互联网的电脑，一不小心就会因为"病毒"的侵蚀而使村寨几百年来淳朴的民风发生剧变，和谐的民族文化遭到破坏。等到学者开始呼吁要高度重视"旅游开发与××地区的民族文化保护"之时，这些地区的民族文化已经如同病入膏肓的病人，无药可救，重蹈着"经济发展，文化消亡"的覆辙。

相关研究显示，中国西南民族地区实施民族旅游导致的负面效应主要表现在三个方面：

第一，针对旅游产品的文化内涵挖掘不够，呈现方式同质化现象严重；推出的旅游产品类型大同小异，缺少体现民族性、娱乐性、参与性和知识性的旅游产品精品。尤其是民族旅游，基本上是"拦路酒"、民俗婚嫁仪式表演、苗族飞歌表演、侗族大歌表演、集体围着篝火跳转转舞等项目。

第二，部分村寨修建一些与本地民族传统风格和环境不协调的现代建筑和旅游设施。一些情况严重的民族村寨，建筑的传统格局和民族风貌甚至有丧失的危险。最后的结果是政府拿出巨资补贴装修，在钢筋混凝土的房屋外面贴上少数民族风格的木板，名曰"穿衣戴帽"工程。

第三，在商业文化冲击之下，庸俗文化、低俗文化随处可见。旅游热点民族村寨商铺林立，商业广告招牌、霓虹灯等处处可见，现代化都市独有的卡拉OK、KTV也隐身其间，充斥着毫无特色的旅游商品和商贩的叫卖声，严重破坏了村寨原有的古朴典雅宁静氛围。独具民族特色的苗侗民族信仰、宗教祭祀和各种神秘的禁忌文化均有被纳入旅游开发的趋势。

当然，有的地方政府独具慧眼，在建设旅游景区时注重对文化原真性的保护。例如，贵州省黔东南州的《丹寨县石桥旅游景区2013年建设实施方案》中就提出了"四项基本原则"：

第一，尊重文化的原则。在对石桥旅游景区内的村寨进行建设和改造时，要坚持按照《黔东南州民族文化村寨保护条例》的规定进行建设，以保护其原有功能和原有风貌免遭破坏。

第二，保护生态的原则。在进行石桥旅游景区建设过程中，注重对植被、水和自然景观的生态保护，确保旅游景区生态环境良好。

第三，突出特色的原则。建设时在建筑风格、景观打造中突出和彰显特色元素，打造特色明显的优秀旅游景区。

第四，坚持规划指导的原则。要切实按照《丹寨县石桥乡村旅游景区详细规划》进行建设，确保布局合理、风格突出。① 丹寨县针对石桥旅游景区规划采取的未雨绸缪民族文化保护措施，值得各民族旅游景区大力推广。

基于以上分析，本书选择西南地区旅游开发较晚的五个民族村寨为分析对象，即贵州境内的雷山县控拜苗寨、榕江县大利村、荔波县水利大寨、六枝特区陇嘎村和四川省的汶川县阿尔村作为个案研究的分析对象，研究民族旅游预开发地区的文化保护预警问题。

二 研究方法

本书结合了旅游学、人类学、文化学、社会学、经济学和管理学等学科的相关知识进行跨学科研究，采用的研究方法有：

（一）田野调查法

本书重视研究资料的可靠性、真实性。通过对五个民族村寨的田野调查研究，调查正在开始的旅游开发对村民文化、心理等方面造成的微妙变化，及时有效地调节、制定应对预警措施。

（二）文献研究法

通过收集、查阅五个民族村寨所属的县（市）、镇、乡历史文献、政府文件，尤其是政府的旅游规划，同时检索相关学术论文等，了解五个民族村寨的历史、开发现状及研究现状、发展趋势，从中发现存在的问题，提出相应的解决方案。

（三）比较分析法

比较省内外民族旅游村寨存在的问题及解决的措施，比较贵州

---

① 《全省100个旅游景区建设——黔东南州2013年度工作计划》，2013年7月印，第47—48页。

境内旅游开发比较成熟的地区文化遭遇的破坏与旅游预开发地区可能遭遇的文化破坏，为未来的旅游开发和民族文化保护工作总结规律和经验教训，提出预警措施。

（四）问卷分析法

针对五个民族村寨旅游业发展的个性特征，制定相应的问卷加以调查，分析五个民族村寨的旅游接待户和游客类型，从中发现问题、分析问题、解决问题。

三 创新之处

西南地区是中国多民族聚居区，文化多姿多彩，民族旅游资源极其丰富。时任国务院副总理吴仪分管旅游时曾说过，"西部旅游'九五'看云南，'十五'看四川，'十一五'、'十二五'看贵州"。① 这说明在中国旅游业发展格局中，贵州是有条件、有机遇走后发赶超之路的。就民族旅游研究而言，有"热"点，也有"冷"点或者说盲点。那些旅游热线大多是研究者的"热"点，而旅游"冷"线则多数是研究者的"冷"点或者说盲点。就中国西南地区的旅游开发与民族文化保护这一问题，学者以往的研究目光主要停留在旅游开发比较成熟地区的民族文化保护问题。如对云南的丽江、香格里拉，四川的洛带古镇、甲居藏寨，贵州的西江千户苗寨、花溪青岩古镇、安顺天龙屯堡等地的关注，在相当长一段时期内是学术研究的热点，对一个旅游热点进行研究的硕博论文、各类课题都有若干，零星论文更是不胜枚举。与之形成极大反差的是，对于旅游预开发地区的民族文化保护问题则掉以轻心或者关注不够，更不要奢谈对民族旅游预开发地区的文化保护预警研究。

从研究的角度来讲，本书并非是对现有的民族文化旅游开发存在的问题进行简单的归纳总结，而是以田野调查、问卷调查为基础，在现有民族文化旅游开发出现的问题以及旅游预开发地区即将可能出现的问题基础上提出自己的建议，最后以五个旅游预开发的

---

① 转引自杜一力《贵州旅游业发展对全国旅游业的意义》，新华网贵州频道，ht-tp：//www.gz.xinhuanet.com/2013-08/21/c_117037169.htm，2013 年 8 月 21 日。

民族村寨为例来加以说明。本书期望用旅游地生命周期、文化资本、生态博物馆和社区参与等理论来考察中国西南民族村寨的旅游开发和建设。研究目的是希望在保护少数民族地区的生态文化环境方面做出应有的学术贡献，促进少数民族地区的经济社会可持续发展，更好地保护、传承和发扬当地的民族文化，让民族特色旅游更持久地进行下去。

第二章 相关概念界定及理论基础

第一节 相关概念界定

一 旅游预开发地区

在发展民族旅游的过程中，来自城市的游客持续不断地涌入原本较为封闭的民族村寨，不可避免地对当地人曾经自给自足的自然生活状态带来许多正面负面的冲击，传统的民族文化社区也在与外来文化的交流中受到巨大的影响，发生剧烈的社会文化变迁。这当中有些变迁是积极的、正面的，促进民族文化自身的进步和自我更新发展，而有些变迁则是消极的、负面的，导致民族优秀传统文化的衰落、异化乃至消亡。有鉴于此，我们应加强调查研究，采取积极的措施和方针，实现民族旅游发展和民族文化保护的"双赢"，对于民族旅游的良性发展将产生重要的实践意义和理论指导作用。

本书所提倡的研究对象旅游预开发地区，指的是列入当地政府旅游开发的规划日程，但是，由于经费没有到位等因素尚未被开发的地区。尽管地方政府尚未修建通村公路、村寨步行街等基础设施，开通当地的旅游班车，当地村民的旅馆、餐馆等旅游接待设施尚未配备，旅游的"食、住、行、游、购、娱"缺乏配套，但由于种种原因，这一类地区已经名声在外。近年来，陆续有外来的政府官员、背包客、不法商人、摄影师、文学采风者、人类学家等以文化猎奇的心态、收购民族产品的经济目的或研究的目的闯入。旅游业发展前景可喜，当地政府、村民满怀希望地期待游客给民族村寨带来经济利益，发展地方经济的同时，我们却看到了外来者的涌入对民族村寨文化生态带来的潜在危险。因此，需要对这些旅游预开发地区进行文化保护预警研究，做"事前诸葛亮"。

二　文化保护预警

何为"预警"呢？英文称之为"Early – Warning"。此处的预警是指旅游预开发地区在发展旅游业的过程中，民族文化需要提防的危险发生之前，根据以往同类地区旅游开发总结的规律或观测得到的可能性迹象，向相关部门发出预先警告，报告险情，以避免可能的危害在不知情或准备不足的情况下发生，从而最大限度地降低危害所造成的损失的行为。文化保护预警，指的是在传统文化受到冲击之前预先发出警报，从而防范和制止文化衰退、文化异化、文化消亡的工作机制。它通过对情报信息的把握运用，起到警示社会各界加强防范工作，增强主动性和针对性的作用。其目的在于超前反馈、及时布置、防患于未然，提前做好充分的准备工作，而不是等到出现问题时才手忙脚乱地喊着解决问题。

近十年来，东南省份的各类旅游企业开始向西南地区省份进行投资的战略转移。旅游开发商大都看准了蕴含着丰富旅游内涵和潜在文化价值的西南民族地区，这些区域将不可避免地成为新的旅游开发重点、热点。目前，在云南、四川、广西和贵州等少数民族聚居区已掀起了东南沿海旅游企业前来考察和开发旅游的热潮。相关研究资料显示，旅游业的经济乘数效应远高于其他行业，旅游业每直接进账1元，相关行业的间接收入就增加4.3元。旅游者的食、住、行、游、购和娱六大需求为民族地区各类公司企业的发展带来了新的推动力。但是，喜中有忧，在很多搞民族旅游开发的地区，旅游就像是化学反应中的加速型催化剂，加剧了民族文化同化的速度。大批游客拥入民族旅游地后，他们在衣、食、住、行、娱等方面的行为代表着"现代文明"的潮流，有意无意地成为处于经济劣势的旅游地少数民族的文化趋同甚至盲目文化效仿的对象。诸如此类的问题，都促使研究者务必关注民族旅游背景下文化保护的预警研究。

三　民族文化旅游

许多研究者都给民族旅游下过定义。民族旅游（Ethnic Tourism）不但是一种"脱俗朝圣"的旅游活动，而且还是一种"特殊形式的族群关系"。① "民族旅游"这一概念在旅游人类学中具有独特的理论价值。如我国香港特区学者香港科技大学白莲认为，民族旅游作为另一类的身份表述在中国正方兴未艾，它是一个民族的形象塑造，表述着相应的文化和历史符号。② 美国学者史密斯把旅游分为民族旅游、文化旅游、历史旅游、环境旅游和娱乐性旅游。③ 笔者认为，民族旅游同其他旅游最本质的区别在于旅游地的少数民族是最基本的旅游吸引物，是民族文化的活载体，支撑着包含民族服饰、民族工艺、民族节庆、饮食文化、建筑式样、语言文化等一套完整的民族文化体系。民族文化只有依附在其活载体少数民族群众身上去表达，民族文化才能真实生动地表现出来。换句话说，作为曾经创造了这些辉煌民族文化的群体，他们才是体现和维持这些民族文化最合适的载体。如果一个民族群体日益被其他民族所同化，那么这个民族丰富多彩的文化也将被同化，直至消逝，终将丧失吸引游客的旅游吸引物。也就是说，没有了以少数民族群众为根基支撑起的民族文化系统，民族文化旅游可持续发展根本就无从谈起。

目前，在对少数民族旅游资源开发过程中，经常会使用"民族文化旅游"、"民族地区旅游"、"少数民族专项旅游"、"民族风情旅游"、"民俗文化旅游"等概念。这些概念使用的混淆，反映了开发者、研究者对民族文化旅游还存在着分歧，在许多问题上尚未达成共识。本书认为，不但要注重对少数民族文化中的民俗事项进行旅游开发，而且要注意从文化的整体性来考虑对少数民族进行旅游

---

① 王筑生编：《人类学与西南民族》，云南大学出版社 1998 年版，第 284—298 页。

② 杨慧等：《旅游人类学与人类社会》，云南大学出版社 2001 年版，第 147 页。

③ ［美］瓦伦·L·史密斯主编：《东道主与游客——旅游人类学研究》，张晓萍等译，云南大学出版社 2007 年版，第 5 页、第 36 页。

开发与文化保护，所以"民族文化旅游"的提法应较为妥当。笔者认为，它应包括以下四个方面：

第一，旅游目的地：必须是具有独特文化的少数民族地区。

第二，旅游吸引物：必须是具有特色的自然景观和文化景观，而且以文化景观为主体。这些文化景观包含民族特色城镇、建筑、服饰、饮食、节日、庆典等。

第三，旅游生态平衡：成功的民族文化旅游应起到促进文化生态平衡和文化保护发展的作用，属于可持续发展型的旅游。

第四，旅游者目的：了解和感悟旅游地民族文化，体会旅游地人民生活方式、思想意识，实现追求文化差异、文化认同以及审美与自我完善。

四　民族文化可持续发展

随着最近几十年来现代化的加剧，民族文化生存环境发生了翻天覆地的变化，民族文化的发展面临严峻的考验和挑战。文化作为可持续发展战略不可分割的一部分已成为国际社会的共识。但是，在中国文化可持续发展的理念近些年来才提上日程。面对全球化一体化不断加快的局面，少数民族文化的保护与发展成为地方政府绕不开，必须要解决的问题。

少数民族文化可持续发展的内涵主要体现在以下四个方面：

第一，观念的可持续发展。地方政府相应的管理部门和管理者要积极响应中央号召，树立以人为本的可持续发展观念，把文化忧患意识和文化发展意识紧密结合起来。

第二，制度的可持续发展。民族文化的可持续发展需要一套长期有效、科学开放和包容的制度保障。可持续发展制度的制定需要优先考虑文化的民族性和地方性，使制度有管理功能和引导功能。

第三，资源的可持续发展。民族文化资源是可持续发展的基础，我们要树立保护与发展民族文化资源并重的理念。民族文化资源来源于少数民族日常的生活习俗和生产方式，我们要尊重民族习俗，同时注重发展民族地区社会生产。

第四，行为的可持续发展。民族文化可持续发展的准备最终要化为具体的行动，我们要把可持续发展的行为融入日常生活、社会管理和民族文化旅游资源的开发中去。

五 旅游可持续发展

在旅游规划制定和实施过程中，要自始至终地贯彻可持续发展理论。尤其是民族旅游预开发地区，具有旅游开发的后发优势，可以借鉴、吸取其他成熟的旅游景区开发过程中的经验教训，尽量少走或不走弯路。

1978 年，国际环境和发展委员会（WED）首次在文件中正式使用了"可持续发展"概念。1987 年布伦特兰报告《我们共同的未来》发表之后，"可持续发展"开始对世界各国的发展政策产生重大影响，逐渐受到学术界的关注。1990 年在加拿大召开的 90'全球大会上，将"旅游可持续发展"定义为"旅游资源的管理应当既满足经济、社会和美学的需求，又维持文化完整性、基本的生态过程、生物多样性和生命支持系统"。[①] 并提出了可持续旅游的五个核心内容：

第一，增进人们对旅游所产生的环境效应与经济效应的理解，强化其生态意识；

第二，促进旅游的公平发展；

第三，改善旅游接待地居民的生活质量；

第四，向旅游者提供高质量的旅游经历；

第五，保护未来旅游开发赖以存在的环境质量。[②]

由此可见，旅游可持续发展理念强调的是以系统的、平等的、全球的、协调的方式发展旅游。

目前学术界公认的旅游开发与规划的指导思想是以资源为基础、以市场为导向，在现有资源的基础上根据市场的需求提供旅游产品。但是，民族文化旅游资源具有不可再生的特殊性，所以在旅游

---

① 转引自 Dennis A. Pantin, Lessons of Tourism Development in Aruba for Sustainable Tourism Development in Tobago, UNDP 文集。

② 同上。

开发与规划中应更加偏重以民族文化资源的可持续发展为导向。

六　民族生态博物馆

20 世纪 60 年代，生态博物馆最早在法国产生。其时，在经历了辉煌的工业文明之后，西方社会开始对工业文明造成的社会思想、文化遗产、生态环境和自然资源等方面的负面影响进行反思，并形成了强大的反思和批判的声音。生态博物馆就是对传统博物馆的贵族性、都市性、殖民性、国家性和垄断性等进行反思和批判后的产物。一般认为，生态博物馆至少要具备三个要素：

第一，生态博物馆需要原地保护其自然环境、文化遗产以及产业遗产。

第二，生态博物馆需要由当地居民直接参与运营管理。

第三，生态博物馆需要开展资料收集保存、调查研究、展示教育和资料馆设施的建设等。①

民族生态博物馆是对民族，特别是少数民族的自然、社会和文化进行整体保护、传承和研究的最新博物馆形式。它既能满足当地居民保护自身文化的强烈要求，又能满足参观者的要求。民族生态博物馆作为信息库，记录和储存着本社区特定的文化信息；民族生态博物馆作为游客参观中心，提供游览服务；民族生态博物馆作为工作场所，为专职工作人员或志愿者提供必要的工作设施；民族生态博物馆作为社会服务场所，提供餐饮、会议等社会服务。民族生态博物馆是对社区的自然遗产、文化遗产进行整体保护的新尝试。民族生态博物馆是把少数民族自然、社会、文化进行整体保护、传承和研究的生态博物馆。② 1995 年，中国和挪威两国政府首次联合在贵州省六盘水六枝特区梭嘎乡修建了梭嘎苗族生态博物馆。中国和挪威两国后来还增建贵州省贵阳市花溪区镇山村布依族生态博物馆、黔东南锦屏县隆里古城汉族生态博物馆、黎平县堂安侗族生态

---

① 课题组：《在贵州省梭嘎乡建立中国第一座生态博物馆的可行性研究报告》（中文本），《中国博物馆》1996 年第 2 期。

② 同上。

博物馆，逐渐在贵州形成了苗、侗、布依、汉等不同文化类型的民族生态博物馆群。民族生态博物馆群在贵州的陆续建立，开创了国内运用生态博物馆的方式对民族文化进行保护的先例，同时也为民族地区旅游产品开发拓展了新的道路。[①]

针对民族村寨的保护与经济、社会效益的匹配适用于民族生态博物馆的建设，在贵州六枝梭嘎，已经尝试采用生态博物馆模式进行旅游开发活动。当地民族村寨的特点是经济发展水平较低、交通情况较差，路小弯道多；民族文化保存完好且具有一定独特性；地方政府希望主导发展当地民族旅游业，将包括当地居民和旅游开发商在内的群体组织到里面去；强调对民族文化特质进行强力保护；想通过发展民族文化旅游，实现社区文化效益最大化；希望对于当地社区文化遗产尽可能原汁原味地保护。

以民族生态博物馆为依托的村寨建设尽管已20年，但在配套建设和宣传方面还没能跟上，尚不能满足游客吃、住、行、游、购、娱的基本需求。目前，梭嘎苗族生态博物馆所在的陇嘎村由于交通不便、食宿条件太差等原因，每年接待的游客数量不多，旅游经营者处于保本的经营状态。此外，在民族生态博物馆所在地进行民族旅游开发是否符合创建者的初衷，达到既保护民族文化又发展旅游业的目的，还有待进一步地观察。当然，民族生态博物馆至少是一种有益的文化保护手段的尝试。

第二节 理论基础

一 旅游地生命周期理论

1963年，克里斯塔勒（W. Christaller）在研究欧洲的旅游发展时最早提出旅游地生命周期这一概念。此后，1980年加拿大学者巴

---

① 吴必虎、余青：《中国民族文化旅游开发研究综述》，《民族研究》2000年第4期。

特勒（R. W. Butler）提出了较为系统并得到较广泛应用的旅游地生命周期理论。[①] 旅游目的地生命周期，是一种客观存在的现象。旅游地生命周期的理论模型，是西方学者实证性探索的突破。在现实生活中，旅游地生命周期曲线的具体形状因旅游地自身的可进入性、发展速度、政府政策以及竞争状况等因素的差异而各有不同。但是，任何一个旅游目的地一般都包括以下六个发展阶段。

第一，探查阶段：保留原始的自然与社会环境，游客数量稀少。贵州境内的旅游预开发地区雷山县控拜村、榕江县大利村、荔波县水利大寨等民族村寨就处于较为"原始"的状态，无论生活习惯、生存环境还是民族文化，都保持着"原生态"的样貌。这些民族村寨由于交通不方便，除零星的背包客以外，很少有大规模的游客进入，村民收入主要依靠传统的农业生产和外出打工。

第二，参与阶段：游客人数开始增多，在简陋的基础设施环境下开始进行有规模的旅游接待活动，政府也随之陆续进行硬件设施的改造。旅游民族村寨在基础设施逐步改善之后，正常的生产生活被打乱，村民的日常生活逐步围绕旅游活动而展开，地方政府开始大力支持民族村寨的旅游发展。据田野调查，四川省汶川县阿尔村、贵州六枝陇嘎苗寨等民族村寨较之周边相对"原始"的村寨来说，已经进入旅游的探查和参与之间的阶段，旅游业在村民生产生活中的比重已经仅次于农业生产。

第三，发展阶段：政府开始注重旅游宣传，打造民族村寨的旅游市场，导致外来的旅游投资骤增，简陋的基础设施逐渐被正规化、现代化的基础设施替代，旅游目的地自然面貌发生很大的改变。这个阶段开始出现利益分配等矛盾，原因是地方政府引进外来投资，而外来投资在这个开发过程中寻求的是快速赚钱，而当地村民因无钱投资在利益分配格局中被边缘化，旅游目的地各群体之间关系开始出现裂痕。与此同时，由于游客的骤增，导致旅游目的地

① Butler, R. W., The Concept of the Tourist Area Cycle of Evolution. In Plieations for Management of Resources. Canadian Geogria Pher, 1980, 124 (1).

旅游产品供不应求，简化生产与批量销售，最终导致旅游吸引力不断下降，当一定量的游客饱和过后随之而来的就是游客稳定，不会有更多的旅游市场扩张。

第四，巩固阶段：这一阶段游客量保持增加。地方主要经济活动与旅游业紧密相关，旅游目的地功能分区明显。旅游带来的负面影响引起当地居民的各种不满。据田野调查，靠近控拜苗寨的"天下第一大苗寨"——西江千户苗寨现在仍然吸引大量慕名而来的游客。西江千户苗寨内部大致分为六大功能分区模块：餐饮、住宿、特色旅游商品销售区、苗寨建筑群、游客休闲度假区等，西江千户苗寨目前正处在旅游发展的巩固阶段。

第五，停滞阶段：这一阶段旅游目的地"人造设施"开始增多，旅游地昔日风光不再，市场游客量维持艰难，旅游环境容量超载与旅游投资收益等问题随之接踵而来。

第六，衰落或恢复阶段：随着当地旅游市场的逐步衰落，不动产的转卖日益频繁，旅游基础设施逐渐废弃或消失，旅游目的地转眼间变成了"旅游贫民窟"。与此同时，地方政府通过采取增加人造景观、增加新旅游项目等方案，从而大大提高旅游地的吸引力，使旅游地进入恢复阶段。

根据旅游地生命周期理论，旅游目的地的旅游经济发展带动了整个区域经济的发展，但其发展本身又受客观生命周期的局限。如何突破这一"魔咒"，成为旅游开发者和旅游地居民都必须关心、预防的问题。

二　文化资本理论

1986年，法国社会学家皮埃尔·布迪厄在《资本的形式》一文中，首次提出了完整的文化资本理论。他认为，本质上文化资本是一种具体化的文化资源，而文化资源则是劳动实践的成果。现实世界是文化世界，也就是人类劳动累积而成的人化世界。布迪厄认为，社会也是一个积累的世界，需要用"资本"这一概念来理解社会界的积累性，因为"资本是积累的劳动"，"资本是一种铭写在客体或主体的结构中的力量，它也是一种强调社会世界的内在规律的原则"。①

民族文化资本就是指全球化背景下的民族发展可资利用的一种方式。它以提高生产力、扩大人们的交往空间为导向，以提高人们的自由程度为旨归，最直接的表现是对文化进行开发利用，现实基点就是进行文化产品开发，是文化场域中的权利在经济场域中的价值实现，最终目的是把直观的、具体的各种文化事项以商品的形式投入经济活动过程中去获得直接的经济效益。通过这些表层的努力，参与隐藏于经济活动之下的各种规则的制订与修改，促使民族文化能够将过去重现，又使过去在现在中进行再创造，获得更大更多的权利。

一个民族在长期面对的自然环境和社会环境挑战过程中形成的集体经验就是这一民族的文化传统，民族文化传统事实上起着维持民族文化生态平衡的作用。处在世界体系"边缘"位置的"原始"民族立足于现实，从不完美出发，在不断地积累经验教训的过程中去寻找他们认为更加美好的文化前途是完全有可能的。文化资本化就是一种追求美好文化前途并为之去改变世界的实践，这种文化实践应该得到尊重和理解。

文化资本化只是少数民族发展可资利用的方式之一。不同的民族文化都有各自的特点，进行民族文化资本化的条件、机遇和具体的运作方式等都不会一样，也不可能有一条放之四海而皆准的"真理"可循。但这样的行为是一种尊重自身文化传统、理解他者文化，进而找到适合自身发展道路的一种文化自觉，值得去探索努力。

三 社区参与理论

"参与"的理念是随着人类文明的进步和社会的发展逐渐渗透到社会民众生活各个方面的，"参与"程度的深浅可以折射出人类文明和社会民主的水平。1997年6月，世界旅游组织、世界旅游理事会与地球理事会联合制定颁发的《关于旅游业的21世纪议程》

---

① 包亚明主编：《文化资本与社会炼金术》，上海人民出版社1997年版，第190页。

（以下简称《议程》）最早提出了社区参与旅游开发的观点。《议程》的内容可以看作是旅游业发展的行动纲领和战略指南，是全球旅游业正式践行可持续发展战略的肇始。《议程》中旅游业可持续发展的内容是，要将旅游地居民作为关怀对象，并把旅游地居民的社区参与当作旅游发展过程中的一项重要内容和必不可少的环节。

从广泛意义上说，旅游业的社区参与体系是一个包含社区居民、旅游企业、政府机关和游客等方面关系在内的一个综合体。社区参与体系以人本主义精神关注、兼顾和协调各方面的利益关系，尤其重视旅游地居民的利益。居民是整个社区参与的重中之重，在社区居民、旅游企业、政府机关、游客等方面关系中，旅游地居民（尤其是民族村寨的旅游地居民）一般处在弱势地位，他们的利益更容易被忽视。旅游地居民参与到旅游活动中程度的深浅、受益的多少、对旅游所持的态度等都是保证旅游可持续发展的必要条件，尤其在少数民族旅游地区，少数民族群众的社区参与显得至关重要。

目前国内的旅游发展中，"社区参与"还没有作为共识进入地方政府和旅游企业的决策视野，仅仅是一些学者在学术研究的层面上大声疾呼而已。这就出现了前期征地等利益纠纷中，旅游地居民与地方政府关系势同水火，地方政府往往理解不了旅游地居民对发展的抗拒，觉得当地居民"不领情"、"不识抬举"、"愚昧"、"缺乏远见"等。其中的原因可能与旅游业被确立为真正意义上的产业时间不长相关，也与人们的可持续发展观念尚未完善有关。在国外，社区参与被比较广泛地运用到包括民族旅游在内的旅游活动中来，并取得了很好的效果。①

---

① 刘纬华：《关于社区参与旅游发展的若干理论思考》，《旅游学刊》2001 年第 1 期。

第三章 西南民族文化旅游开发现状及存在的问题

第一节 旅游开发现状

一 发展历程

就贵州而言，位于中国西南的东南部，省会贵阳市。全省辖6个地级市、3个自治州，2013年人口约3837万。东毗湖南，西连云南，南邻广西，北接四川和重庆，地理坐标位于东经103°36′—109°35′、北纬24°37′—29°13′之间，全省面积约17.6万平方公里，东西长约595公里，南北相距约509公里。贵州气候温暖湿润，属亚热带湿润季风气候。气温变化小，冬暖夏凉，气候宜人。从全省看，通常最冷月（1月）平均气温多在3—6℃，比同纬度其他地区高；最热月（7月）平均气温一般是22—25℃，为典型夏凉地区。贵阳市主打的旅游名片就是气候，所谓"爽爽的贵阳，避暑的天堂"。境内雨季明显，降水较多，阴天多，日照少。各地阴天日数一般超过150天，相对湿度常年保持在70%以上。贵州气候呈多样性，所谓"一山分四季，十里不同天"。总体来说，贵州处于中国的西南角，地理位置不突出，经济、交通条件相对落后，2012年出台的"国发2号文件"将贵州定性为西部最不发达的省份，其下辖的少数民族地区经济处于相当贫困的水平。

改革开放以来，贵州旅游业不断得到发展。以本书所涉的田野点（4个在贵州境内，1个在四川境内）为例，梭嘎的情况：1995

年中国第一座生态博物馆落户贵州六枝特区梭嘎乡陇嘎村，同时也是亚洲第一座生态博物馆。2012年，六枝特区经过专家评审被定位为贵州省资源型城市可持续发展示范区。

控拜、大利所属区域黔东南的情况：联合国世界文化保护基金会在1997年将黔东南州列为世界最高档的旅游区，是世界"返璞归真、重归大自然"的十大旅游景区之一。

水利大寨的情况：黔南荔波大小七孔2007年被确认为世界自然文化遗产。

阿尔村的情况：受四川省汶川县管辖，紧挨1963年建立的卧龙国家级自然保护区，主要民族为羌族。社会和谐稳定，风景宜人，空气清新。特别是2008年汶川大地震后，政府加大对羌族文化的抢救与保护的力度，这为当地发展旅游业带来了机遇。

就贵州而言，伴随着旅游业的快速发展，民族旅游村寨的发展不断壮大，主要分为三个阶段：

第一，萌芽阶段（1980—2000年）。这一时期贵州的民族旅游主要局限于观光旅游。与此同时，由于初步开发民族文化，民族旅游村寨在这种形势下发展起来，取得了较好的发展势头。地方政府是旅游开发的主体，在贵州境内少数民族聚居区选择环境条件良好、民族特色突出的村寨作为民族文化旅游开发的突破口，逐步推出雷山西江千户苗寨和朗德上寨、从江岜沙苗寨、黎平肇兴侗寨、榕江车江侗寨、天柱三门塘、安顺九溪村、贞丰纳蝉布依寨、六枝梭嘎、贵阳镇山村等民族村寨，并在国内外旅游推介会上大力宣传，民族村寨的旅游发展已取得初步的经济效益。

第二，稳定发展阶段（2000—2012年）。民族旅游经过十余年的发展，已经树立了良好的民族文化旅游形象，尤其是贵州民族旅游村寨在国内外有了一定的知名度。这一时期，政府在宣传促销与发展战略上，更加强调了民族旅游的优先地位。伴随着民族旅游的发展，政府加大了对民族文化旅游的开发，先后在黔东南建成或在建的占里侗寨、红阳苗寨、芦笙专业制作村——排卡、侗族生态博物馆——堂安、小黄侗族文化村——高近、大利侗寨、肇兴侗寨、西江千户苗寨、郎德苗寨，黔南建成或在建的三都水族卯文化发祥地的水各寨、三都怎雷水族村寨、贵定布依音寨、荔波水利大寨等民族村寨。在平稳发展阶段中，开发的主体依然是政府。但是，政府已经从起步阶段那种一手独自策划加管理的包办式发展角色慢慢过渡到退居幕后的服务角色。地方政府主要为民族文化旅游的发展积极争取资金支持，并不断改善村寨的基础设施和完善相关的旅游设施。经过平稳发展阶段的旅游开发，民族文化旅游目的地的经济得到明显的改善，当地少数民族对旅游的继续发展保持着极大的热情。但是，旅游开发带来创收的同时，参与旅游活动的主体对民族文化的保护问题基本上是忽视的，为以后民族村寨的发展留下了更多的麻烦和隐患。以《全省100个旅游景区建设——黔东南2013年度工作计划》为例，黔东南境内有16个景区，但是，郑重地提出要重视民族文化保护仅有《丹寨县石桥旅游景区2013年建设计划》。①

第三，高速发展阶段（2012年至今）。贵州民族文化旅游开始有了重点发展的对象，即加大了整合开发的力度，形成了航空母舰式的规模化发展。各级党委和政府的重视加上广大人民群众发自内心的发展愿望，万众一心、真抓实干，贵州民族旅游的发展势头进入了高速发展阶段。"国发2号文件"发布以来，贵州全省上下倾力打造旅游，以黔东南为例，雷公山、西江、肇兴、镇远等重点景区已成为国内外旅游者争相前往的旅游目的地。民族文化旅游在贵州，尤其是黔东南发展中的地位得到了前所未有的重视，民族文化旅游的发展前景不可估量。随着旅游业的持续发展，贵州的民族文化旅游逐渐臻于成熟。民族村寨开发的数量持续增多，旅游经济效益不断攀升，地方政府的角色也发生了根本性转变，进入服务型角色，外来资本的引入、市场化的运作，使得民族文化旅游的开发和管理都有了更多的选择。

---

① 《全省100个旅游景区建设——黔东南州2013年度工作计划》，2013年7月印，第47—48页。

二　特点

目前，中国西南民族村寨的旅游开发、旅游业的兴起和发展都是在政府的大力提倡和积极协助下进行的，各级政府都把发展旅游业当作振兴地方经济、促进社会进步的手段与法宝。而在民族文化旅游中，政府的干预更加明显，行使了政府对民族文化的管理和指导职能。旅游学界普遍认为旅游业的某些功能有利于政府发展目标的实现。李滨等认为："旅游业是物质文明和精神文明的交会点，不仅可以促进落后地区经济发展，从而实现地区间的平衡发展，而且是提高国民素质、提倡健康向上的消费方式、加强社会主义精神文明建设的重要途径。"[①]

以本书中属于贵州的四个田野点的交通状况而论，近十余年，贵州抓住中央增加投资、扩大内需的发展机遇，加大资金投入力度，加大以交通为重点的基础设施建设力度，通过改善贵州交通基础设施来优化区域位置。贵州基本上实现县县通油路，乡乡通公路，80%以上的行政村修建了简易公路。黔南、黔东南区域铁路建设快速发展，湘黔铁路、黔桂铁路和贵广铁路过境，湘黔铁路复线和贵广高铁已全线竣工通车，2014年、2015年接连开通了几条高铁，交通更加便捷。民用航空方面，黎平机场、凯里黄平机场、荔波机场、六盘水月照机场已正式通航，暑季可直接飞达北京、上海、广州等游客的主要来源地。电力能源、邮电通信等事业得到迅猛发展，全省的县市都拉通了国家电网，全部实现市话交换程控化，乡乡通电话，移动电话网络覆盖全省，四通八达的交通通信新格局业已形成。对外开放投资环境，特别是旅游投资环境日益改善。六盘水地区的梭嘎生态博物馆是中国乃至亚洲第一座生态博物馆，交通便利，从贵阳开往云南方向的列车都经停六枝，长途汽车价格也很便宜。四川省阿坝藏族羌族自治州汶川县龙溪乡阿尔村，距县城北30公里。阿尔村不仅是南部羌族的一个民族聚居点，而且

---

① 李滨、王树林：《论中国旅游业实施政府主导型战略的必然性和必要性》，《哈尔滨商业大学学报》2002年第5期。

是古羌民风民俗、传承文化保留得较为"原始"的羌寨。控拜村是以银饰打造工艺作为其主要的民族旅游特色，被誉为"苗族银匠村"。水利大寨是以水族的头"卯"文化作为其文化亮点。大利村是以侗族古韵文化和侗歌文化作为其特色……就中国西南民族村寨的旅游发展情况而言，主要有四个方面的特点：

第一，民族文化旅游较为丰富，民族特色保存较好。半数以上的民族村寨还保持着"原生态"的文化状态。尤其是贵州的民族旅游开发明显晚于周边的云南、四川等省，具有旅游发展的后发优势，是一个有17个世居少数民族聚居的民族大省，具有丰富多彩的民族文化。

第二，民族村寨的分布较为集中。贵州境内的黔东南、黔南、黔西南属于少数民族自治州。苗、侗、布依、水等民族主要分布于此，而这些民族村寨近年来也陆续开展了一系列的旅游活动，具有一定的旅游发展基础。

第三，民族地区的经济社会发展情况通过党和政府多年的努力已得到极大改善。民族村寨人民生活水平日益提高，科技、教育、文化、卫生、体育各项社会事业健康发展，不少农村家庭生活开始迈向小康。当然，作为旅游预开发地区，目前旅游业收入所占总经济收入的比重仍然不高或者说微不足道。

第四，民族村寨大多毗邻大型旅游景区，区位优势十分明显。如控拜苗寨毗邻西江千户苗寨、榕江大利村毗邻榕江古榕风景名胜区、荔波水利大寨毗邻荔波大小七孔风景区、六枝特区陇嘎村毗邻六枝牂牁江风景名胜区，四川汶川县阿尔村距汶川县县城北30公里，毗邻具有"熊猫之乡""宝贵的生物基因库""天然动植物园"等头衔的卧龙大熊猫自然保护区。

三　现状

当前，本书选取的5个田野点周边的民族旅游主要内容是：

（1）特定的民族居住区域。雷山控拜居住着苗族支系中的短裙苗，榕江大利村居住的是侗族，荔波水利大寨居住的是水族，六枝梭嘎居住的是苗族支系中的长角苗，四川阿尔村居住的是羌族。

（2）民族服饰和建筑。这些民族旅游地的民族拥有各自独特的民族服饰，拥有独具特色的房屋，如苗侗吊脚楼、羌族的碉楼……

（3）民族手工艺品。少数民族同胞心灵手巧，擅长织染、刺绣、编织、雕刻。侗锦图案别致，色彩鲜艳；苗绣和羌绣做工精致，配色瑰丽多姿；银饰则是一种备受苗、侗、布依、水等民族喜爱的艺术品，制作精美、各具特色；水族的石刻文化源远流长……

（4）民族美食。侗族的酸鱼、酸鸭；苗、侗、瑶都喜爱的打油茶，苗侗民族的酸汤鱼……

（5）民族节庆。少数民族同胞拥有丰富多彩的民族节庆活动，如苗年、羌年、卯节、牯脏节……除以上这些旅游内容之外，许多少数民族地区，自然景观也非常秀美。毋庸置疑，民族旅游将成为21世纪中国旅游经济的发展极。

当然，民族旅游开发过程并非一帆风顺，当中也存在各种各样的问题。以贵州为例，少数民族村寨在旅游开发实践中面临诸多的难题，主要表现为：

第一，贵州独特的地理环境，山高路险。交通道路的不便导致游客入黔旅游花费的时间成本、经济成本增加，无形中促使更多的游客选择周边省份更加成熟的民族文化旅游景点作为目的地。反过来，劣势也是优势，交通不便是贵州的民族文化旅游资源得以保存比较完好的原因之一。

第二，已经发展起来的民族村寨，由于早期开发时没有做好整体规划，导致现代化建筑以及一些与民族村寨文化不相符的旅游产品大行其道，使游客觉得"千寨同风""百村同俗"，出现旅游审美疲劳，连带对独具特色的民族风情产生抵触心理。

第三，旅游产业尚未形成，一年里可接待旅游的周期不长，游客少时，相互降价导致村民的收益无法保障。贵州游客人数集中的时间段是五一、十一黄金周和寒暑假，旅游旺季时节正赶上当地的农忙时节，使得接待标准下降，导致游客抱怨情绪增加。

第四，一些投资商利用当地的民族节日招揽游客，使得每逢民族节日，人满为患，竞相哄抬食宿价格，服务质量无法保障，过多的自驾车使游客与村民的交通安全等也面临风险。

第五，民族文化旅游景区的多数村民不能从旅游活动中获益。少数民族群众大多本钱小，且思想保守、耻于言利、不善经商，搞旅游开发的民族村寨较为赚钱的食宿、高档旅游产品的销售等行业多为外地商家垄断经营。大部分当地人处于看着外乡人来赚钱，自家只能打工干粗活的劣势地位，这样，会对民族文化旅游发展产生逆反心理，采取不配合、唱衰乃至抵制的消极态度。

第二节　存在的问题

一　旅游相关法律法规不配套、不健全

新中国成立以来，党和政府制定了一系列的政策及规定，把保护和发展少数民族文化作为落实民族平等政策的一项重要内容。例如，尊重各民族的风俗习惯，各民族都有保持或改革本民族风俗习惯自由的政策；各民族都有使用和发展自己的语言文字自由的政策；宗教信仰自由政策等。党和政府组织相关力量，有计划地对各少数民族的文化遗产进行收集、整理、翻译和出版，保护少数民族的名胜古迹、珍贵文物和其他重要历史文化遗产。但是，在民族旅游开发过程中，保护民族文化方面还存在着诸多问题，主要是民族文化保护的法制建设上相关法律法规不配套、不健全。以贵州为例，主要存在以下问题：

（一）各部门之间缺乏协调，相关法律法规不配套

针对少数民族文化保护问题，《贵州省民族民间文化保护条例》第六条规定："县级以上人民政府文化行政部门主管本行政区域内民族民间文化的保护工作。……环保等有关部门应当按照各自的职

责，配合文化行政部门做好民族民间文化保护工作。"① 该规定确立了文化行政部门主管，其他部门协管的管理模式。但是，针对风景名胜区保护问题，《贵州省风景名胜区条例》第七条又规定："省人民政府建设行政主管部门负责全省风景名胜区的监督管理工作。县级以上人民政府建设行政主管部门负责本行政区域内风景名胜区的监督管理工作。县级以上人民政府其他有关部门按照各自的职责分工，负责风景名胜区的有关监督管理工作。"② 该规定确立了建设行政部门主管，其他部门协管的管理模式。这两个规定，针对风景名胜区内的民族民间文化保护问题，二者的不协调性就显现出来了，即对景区内少数民族文化的保护到底是以文化行政部门为主、其他部门协助，还是以建设行政部门为主、其他部门协助？谁都可以管，谁都在管的局面，最终的结果可能是互相推诿，谁都不管。

（二）相关的法律法规不健全、不完备

例如，《贵州省民族民间文化保护条例》虽然规定了民族民间文化传承人（单位）的推荐认定条件和方式，但没有规定传承人（单位）的相关权利和义务。虽然规定了民族文化生态博物馆（民族文化村寨博物馆）、民族民间文化之乡、民族文化生态保护区的推荐认定条件和方式，但同样没有就相关区域内的少数民族群众的权利和义务做出明确规定。再如，《黔东南苗族侗族自治州民族文化村寨保护条例》中有大量规定确定了村寨内少数民族的文化保护义务，但并没有就这种义务的承担做出相应补偿的问题给予具体规定，导致村寨内少数民族的文化权利和文化义务明显不对称。

---

① 《贵州省民族民间文化保护条例》于 2002 年 7 月 30 日经贵州省第九届人民代表大会常务委员会第二十九次会议通过，自 2003 年 1 月 1 日起施行。法律法规网，http：//www.110.com/fagui/law_48061.html。

② 《贵州省风景名胜区条例》，2007 年 9 月 24 日贵州省第十届人民代表大会常务委员会第二十九次会议通过，生效日期：2007 年 12 月 1 日。法律法规网，http：//www.110.com/fagui/law_295693.html。

（三）贵州地方政府立法中对少数民族文化资源开发的问题多有规定，但并未对开发中破坏文化资源的行为应该承担的法律后果给予明确规定，缺乏执行力、威慑力

例如，《贵州省民族民间文化保护条例》第二十三条规定："各级人民政府应当结合本地实际，将自然风光与民族民间文化相结合，采取有效措施，发掘、利用民族民间文化资源，开发传统民族民间文化产品，提升旅游业文化品位，拓展旅游服务项目，促进旅游经济的发展。"① 该条例并未对旅游开发中的文化遗产保护义务做出强制性规定。同样，《贵州省旅游业管理条例》第十六条、第十七条也规定，各级政府要"鼓励、扶持少数民族地方和经济贫困地区发展有特色的旅游业"，"鼓励和支持开发反映本省独特自然风光、民族风情和人文景观的旅游商品"。②

此外，《贵州省旅游业管理条例》第十一条规定："开发利用旅游资源和建设旅游设施项目，必须与周围生态环境、人文景观相协调，严格执行资源、环境、文物保护和水土保持等法律、法规。不得污染环境，破坏生态平衡。"③ 第三十三条规定："旅游经营者应当依法保护旅游资源和环境，严格防治污染。"④ 但遗憾的是，该条例并未规定，旅游经营者破坏民族民间文化资源，应当承担什么样的法律后果。相关法律条文的缺失与遗漏，导致现实生活中旅游开发与民族文化资源破坏同步进行的现象让人见怪不怪。民族文化资源的破坏者，顶多遭遇媒体曝光，仅仅靠的是政府出面干涉制止其不法行为，而不是靠法律部门出面依法治理。

---

① 《贵州省民族民间文化保护条例》于2002年7月30日经贵州省第九届人民代表大会常务委员会第二十九次会议通过，自2003年1月1日起施行。法律法规网，http://www.110.com/fagui/law_48061.html。

② 《贵州省旅游业管理条例》，1999年9月25日贵州省第九届人民代表大会常务委员会第十一次会议通过，自2000年1月1日起施行。法律法规网，http://www.110.com/fagui/law_192792.html。

③ 同上。

④ 同上。

二　民族文化保护与旅游资源开发之间缺乏协调

当前，中国西南地区的民族文化旅游因片面追求经济效益，将民族传统文化舞台化，出现了严重的庸俗化倾向。原来现实生活中的生产生活场景变成旅游表演的内容，千百年来按照传统生计方式过日子的居民变成旅游表演场域的专职演员，民族文化的内涵被人为地伪造、肢解或假冒，原有的民族文化价值几乎为商业价值所覆盖。取而代之的是一个专供游客观赏的所谓某民族的"文化"，职业表演者装模作样地、周而复始地在固定的场地为游客卖力地表演，原本只有在特定的时空，按传统的内容和方式才能举行的各种神圣仪式，打破祖先古老的禁忌规矩，频频登台亮相，一切都变得那么有模有样，场面壮观。这样的"民族旅游"实际上已经失去了特殊意义与价值，仅仅是一种舞台化、程序化、商业化的表演而已。①

我们在田野调查中发现，许多经济落后的少数民族村寨群众，认为保护民族文化是政府的主要责任，而政府在这个过程中又常常显得爱莫能助。通过对陇嘎、水利大寨、大利村、控拜村、阿尔村等民族村寨旅游开发的实地调查发现，仅仅控拜村的龙太阳等少数民族精英具有保护民族文化的意识，其他民族村寨的群众基本上都还没有这个意识。问及原因，龙太阳说："我们苗族几千年来文化都保存得很好，绝不能因为搞旅游把民族文化弄丢了。我自己也是被他们（指贵州省文物局及贵州乡土文化社）派到外面学习了才意识到这个问题的，所以牵头搞了这个控拜银匠协会，将我们的银饰锻造文化一代代传承下去，并且保证不打造锌铜镀银的假'苗银'。"② 与此同时，更多的民族村寨面临的是民族文化的丢失与异化，如四川的阿尔村当前面临的问题在于"人们过于热切地改变生

---

① 张波：《旅游对接待地社会文化的消极影响》，《云南师范大学学报》2004年第2期。

② 报道人：控拜村龙太阳（学名龙泽寿），地点：控拜村，访谈时间：2011年11月20日。

活，却遗忘了保护文化和民族记忆"。①

现实生活中，往往仅有学者在自己的论著里强调旅游开发中民族文化保护的重要性，给人书生空发议论的感觉。村民还没有深刻地认识到他们发展旅游的资本是他们赖以生存的环境与经过上千年形成的民族文化资源。一旦只注重旅游开发的经济价值，那么旅游活动必然不会长久，民族村寨终将失去它的吸引力。学者们普遍认为，真正有生命力的民族村寨旅游景区必然需要文化保护与旅游开发的互动。②

第一，民族旅游资源普遍存在庸俗化的现象。在旅游开发过程中，开发商不经过充分的调查论证，过度相信"打造"的力量，在一些民族旅游景观上任意添加神话故事、民间传说使其具有所谓的旅游文化价值。当地村民往往在不经意的交流中向游客爆料："这是假，哄你们外地人的，根本不是这回事。"③ 这种人为的、毫无根据的文化建构只会被外来者当作笑料，使游客有上当受骗之感。

第二，忽略对旅游吸引物周边文化空间的保护，采取不科学的文化保护规划。民族旅游的"原生态"环境包括自然环境、历史文化环境、社会生活环境等，只注重外在的人工环境保护，割裂与自然环境、历史文化环境、社会生活环境的关系，在民族旅游景区中胡乱进行规划，添加一些不伦不类的人造建筑景观是对整个民族文化环境的严重破坏。此外，当地政府和民族旅游投资商为了赚取更多的利润，不断扩大经营规模，修建酒楼、宾馆、休闲酒吧等，使得民族旅游景区环境承载量超负荷运行，越来越丧失民俗的独特性，与普通的乡村旅游景区，甚至现代化的都市愈加趋同，最终的结果只会导致民族文化衰落、异化乃至消亡。

---

① 叶伟民：《汶川阿尔村：千年之变"羌"去何处?》，《南方周末》2009 年 5 月 7 日第 14 版。

② 廉同辉、王金叶：《民族地区乡村生态旅游开发与新农村建设研究》，《西南民族大学学报》（人文社会科学版）2010 年第 11 期。

③ 报道人：西江 LXF，地点：西江镇，访谈时间：2012 年 10 月 20 日。根据人类学/民族学的学术惯例，本书所涉及的地名、人名，大多数经过匿名处理，下文不再赘言。

第三，重要的民族旅游资源未被充分重视、缺乏民族品牌意识。民俗具有"十里不同风，百里不同俗"的特点，在开发民族旅游过程中，应该认识到每个民族旅游目的地的民俗都是不尽相同的。例如，苗族侗族许多宝贵的文化遗产资料面临无人搜集整理和随意损坏、遗失的困境，传统手工技艺、民歌、习俗等非物质文化遗产也濒临灭绝。要将开发苗族旅游、侗族旅游较为成功的雷山县、黎平县、榕江县发展成真正的民族旅游品牌县、文化县、精品县，地方政府在发展民族旅游过程中，要注意树立品牌意识，将民族旅游形成产业，从而更进一步地促进少数民族的文化遗产保护。

第四，伴随旅游开发而来的"外来文化"对当地村民的思想观念有很大的冲击力。开发旅游势必会导致外来文化与本土文化的接触、碰撞，引起各种正面的、负面的反应。首先，由于地区之间的经济差距，旅游地村民为了获得经济利益，满足旅游者的猎奇心理，可能会扭曲地展示民族传统文化，侵蚀民族旅游地本来就处于弱势的少数民族文化，使得某些民族文化出现严重的"汉化"现象，失去"原真性"。其次，很多当地村民向往外来文化，外来文化或现代文明生活模式与他们原有的文化或生活模式相比，更能够方便生活。在田野调查中，笔者发现这种意识的改变在少数民族村寨青年人中较为普遍，而老年人相对保守，对于这种现象则持有一种无奈或不习惯的态度。当然，主动学习外来文化也不能说就一定会使民族文化丧失其原真性。最后，旅游开发同时也会激发少数民族同胞的文化自豪感，促进他们的文化自觉[1]，更多的人开始穿着已经很久不穿的民族服饰，恢复制作即将遗忘的民族手工艺品。

鼓舞人心的是，随着中国西南地区民族旅游魅力的不断增强，加之东南沿海旅游开发市场日益饱和，更多的社会闲散资金逐渐投向西部尤其是西南民族旅游市场。例如，民族文化氛围浓厚、风景

---

① 徐新建：《开发中国："民族旅游"与"旅游民族"的形成与影响——以穿青人等为案例的评述》，《西南民族学院学报》（哲学社会科学版）2000年第7期。

绮丽的贵州雷山西江千户苗寨、榕江大利侗寨、荔波大小七孔、镇远古城等已吸引了不少的东部旅游开发商前来考察，并达成了明确的合作开发旅游项目。对民族文化旅游村寨来说，过去只能吸引"小""散"的中小旅游开发商是无奈之举、权宜之计。如今，这些资金雄厚、理念先进、管理规范的大型旅游开发集团对西南民族旅游市场的投资无疑是一件大好事。贵州镇远古城旅游局的郭局长告诉笔者："过去我们是招商，现在我们是选商、择商。那些不愿意花钱投资在我们本地民族文化保护与传承上面，只想赚钱就走人的商家我们会婉拒的。"① 大型旅游开发商清楚地认识到保护好民族文化对民族旅游事业持续发展的重要性，完好的民族文化对于长久的旅游经济发展是有好处的，故他们会更加注重规范，更加积极地采取措施来促进民族文化的保护。

三　经济利益协调机制不健全、不合理

21 世纪以来，中国经济发展水平不断提高，中产阶层队伍的日益壮大，形成巨大的旅游消费群体。与此同时，搞旅游开发的少数民族村寨基础设施不断完善，越来越多的游客逐渐选择民族村寨作为旅游目的地。这一时期，民族旅游收入剧增，民族旅游村寨所牵涉的各方利益主体的关系也逐渐地复杂化，各方利益主体时有冲突，矛盾变得公开化。如果从民族旅游地的可持续发展考虑，我们必须关注利益主体即当地居民、地方政府、旅游者、开发商之间的关系。在中国西南民族村寨的旅游开发中，这种经济利益协调机制尚未真正建立起来。处理好利益协调问题，建立完善的利益分配机制是民族村寨旅游开发的难点，同时也是重中之重的问题。尤其是当地村民的利益保障问题在民族旅游村寨开发中显得尤为重要，没有村民的支持，民族旅游景区最终将是一具没有生命的文化僵尸。当然，旅游开发商的利益也必须给予关注，"无利不早起"，过低的利润也会打击旅游开发商的投资开发热情。

---

① 2013 年 7 月 17 日，笔者在贵州省 100 个旅游景区中期检查活动中，对镇远旅游局访谈的一部分内容。

民族旅游中经济利益分配不合理。在云南、四川等省一些较为成熟的民族旅游景区，有一些大的旅游开发商会对当地的民族文化资源进行规划整合，进行合理的商业化开发。与其他相对成熟的民族旅游地的开发相比，贵州许多地区的民族旅游开发还相对落后。许多旅游预开发地区还处于政府主导、民众自发的"前"开发状态，政府和民众之间尚未建立起良好的沟通机制，对于民族文化旅游开发的方向分歧较大。是否应该引入旅游开发商也是各执一词，"公说公有理，婆说婆有理"，好处是旅游开发商以营利为目的，可能会主动地起到沟通政府与百姓之间的桥梁作用，协调三方不同意见，开发过程中会更加积极主动地挖掘当地的民族文化资源，从而使自己投资收益最大化。坏处恰恰也在于旅游开发商的营利性，它们会不遗余力地节省开销，扩大收益，将会导致民族文化开发的表面化、低质化、庸俗化和同质化，给民族旅游地带来毁灭性的文化灾难。反之，若拒绝旅游开发商进入，地方政府和民众缺少开发资金，只能望山兴叹，"巧妇难为无米之炊"，政府和民众之间也缺乏沟通的有效途径。当然，只要资金充足，缺少旅游开发商的中间手续，恰恰能够保证民众在开发中的主导权，保障当地村民在旅游开发中的收益权。

四　当地村民的参与度低

许多搞旅游开发的民族村寨，都普遍存在民众自我文化展示意识不强，参与程度不高的现象。在雷山县西江千户苗寨景区内，笔者调查发现居民参与当地旅游开发的欲望很强烈，但是他们无钱无权参与到当地的旅游开发中去。景区的普通村民，仍然靠农耕为生，间或卖一些蔬菜等农产品给餐馆；一些"聪明"的村民，参与到带客绕道逃票赚取一些带路费这一项与"旅游"相关的工作中。旅游旺季的寒暑假，有部分长相出众、能歌善舞的姑娘可以到景区内的旅游接待点打工，但参与的大都是边缘性的旅游接待服务工作，对景区的发展规划并没有话语权。只要村民不闹事，没有人愿意主动地去倾听、了解村民的想法和意愿。实际上，只有让当地村民真正地参与到景区的旅游开发中去，让当地村民与景区的发展有密切关系，他们才会更加积极主动地投入到旅游开发中，同时也才能使游客真切地感受到当地人热情好客的淳朴民风。

五　旅游产品严重同质化，缺乏品牌，价高质劣

民族村寨间的旅游开发相似度较高。贵州的少数民族村寨数量庞大，星罗棋布地分布在深山大河之间，但是贵州的民族旅游大都是各自经营，至少是县（市）各自为政，没有形成一个连片的民族旅游线路，相似程度较高。以黔东南地区的民族村寨为例，主要是苗族与侗族。田野调查发现，整个地区的民族村寨雷同的地方太多，这个地区的民族村寨旅游开发"山寨"能力极强。雷山县有世界上最大的西江千户苗寨，三穗县立马推出世界上第二大的寨头苗寨。很多游客往往只去一个寨子就不愿意再去其他村寨了。当今互联网的发达，很多游客已经能够在网上发表很多旅游建议的帖子，许多满怀热情搞旅游开发的民族村寨其实是空欢喜一场，白白投放巨额资金到"打造"民族村寨的工程中去，预期的经济收益可能会竹篮打水一场空。

旅游产品市场是推动苗族、侗族、布依族、水族、羌族手工艺品和传统技艺发展、传承的很好平台，开发旅游纪念品市场既能解决一部分手工技艺传承人的经济困顿，又能吸引年轻人学习传统技艺，解决后继无人的难题。但是，中国西南民族村寨的旅游产品存在的问题主要有：一是大量商品来自旅游商品批发市场，缺乏本地民族特色。二是旅游产品市场混乱低质，品种较为单一，各家售卖的东西差异性不大。三是品质良莠不齐，存在欺瞒消费者的情况。

中国西南许多民族村寨的民族旅游纪念品市场，尚未形成在当地设计、制作、大批量生产的商业模式，市场上劣质商品充斥，优质的民族纪念商品因制作成本高导致价位高无法打开销路。以贵州主要旅游纪念品苗银饰物为例，目前市场上尽管有许多品牌商店已经明确保证绝不售假，但部分小商家的店里假货充斥，假货主要是锌白铜镀银制作①，导致"苗银"成为假货的代名词。那些一向以

---

① 杨文章、杨文斌、龙鼎天：《中国苗族银匠村——控拜》，2010 年，第41 页。

制作银饰为生的老银匠受到牵连，生意上也因此受到严重的影响。在西江千户苗寨，许多游客主要选择到李光雄银饰商店等几个专门出售银饰的大商铺购买银饰，许多小银饰商铺即便售卖真银饰也无人光顾，门可罗雀，成为"苗银"的受害者。

旅游产品制造者缺乏塑造民族文化品牌的意识。由于中国西南各省都有少数民族资源，乃至某几个省都有同一少数民族，导致每个地区无法形成明显的优势，民族村寨不能充分发挥现有品牌的效能，也没有注重树立民族文化品牌的意识。少数民族村寨作为一个发展中的旅游产品，要想形成特有的竞争优势，初期或者成长期迫切需要树立品牌意识，才能给整个地区的民族旅游带来蓬勃生机。由于种种原因，在中国西南民族旅游村寨发展中，许多丰富的民族文化资源未能形成地理标志性的民族文化旅游品牌。旅游产品缺乏民族文化旅游品牌意识的原因很多，以苗族银饰为例，张三掏钱去宣传，李四跟着收益，或者甲县花钱做广告，乙县不花钱一样收益。长期如此，大家都不愿意去打广告。树立民族文化旅游品牌，这种事需要跨县、跨州乃至跨省的政府间合作，齐心协力才能打造过硬的民族文化旅游品牌。

六　旅游接待求量不保质

旅游接待片面追求数量，接待档次不高，缺少民族特色文化内容，接待形式大同小异，"文化顶包"现象严重。以中国西南某民族文化旅游景区为例，旅游接待是相对成熟和集中的，大致有一套"标准"的接待模式：

第一，游客抵达景点接待处，下车购票乘坐电瓶车抵达高大雄伟的寨门。

第二，进入寨门，由接待人员唱歌、敬拦门酒等。

第三，旅行社带来的游客，大多到大型酒楼就餐，饭食也以民族食物为主，主要是长桌宴，按70元/人不等的标准收费，具体收费标准根据菜品略有不同。

第四，就餐过半，会有酒楼的服务员前来唱歌、敬酒。据笔者自身的体验，几次学术会议后期旅游参观都安排该景区，具体由酒店方接待就餐。由于生意红火，服务员存在店大欺客的现象，比如点东西半天不到，也无人理会；敬酒时一首歌过后，揪住客人的耳朵就灌酒，形成恶搞，引起客人的不快，幸免于难的客人还在旁边喝彩起哄。

第五，在就餐结束后，如果是大规模的游客团队，老板是有利可图的，还安排有一些互动性的娱乐活动，继续唱歌劝酒。这一过程能持续三四个小时，直至深夜，游客基本上已是酩酊大醉。有些不胜酒力又不会推酒者上吐下泻，第二天只能在房间睡觉。使人感觉少数民族的特色就是唱歌、跳舞和喝酒，留给游客的只有空虚和宿醉。在田野调查中发现，这类的旅游接待大多数是由旅行社带团游、单位招待客户的较为多见。

此外，景区还存在普遍的"冒名顶替"现象。在西江千户苗寨景区被冠以苗族相关名称的旅游接待点有若干家，但和景区内认识的苗族朋友聊天过程中发现，这些旅游接待点除服务员以外，老板、管理层、厨师大都是汉族。一些刚到景区酒楼、酒店打工的姑娘在别人问到民族成分的时候，一般都会迎合客人的喜好说自己是苗族，其实有的是周边农村来打工的汉族、侗族、水族青年，这种"冒名顶替"的现象非常严重。①

七　旅游刺激下的民族文化"展演"

民族特色的农家乐是一种当下十分盛行的旅游开发方式，许多农家乐根据自己所属的民族命名为"苗家乐""侗家乐""水家乐""羌家乐""藏家乐"等。对于游客而言，他们从观看"多彩贵州"等旅游宣传片中旅游展演的"前台"，通过消费民族特色的农家乐进入了少数民族日常生活的"后台"。一方面，游客进入少数民族"真实"的日常生活，目睹乃至亲身体验少数民族的衣、食、住、行、娱等生活的点点滴滴，最大限度地满足对于"他者"文化的猎奇心理。另一方面，对于少数民族而言，游客的到来使他们生产生活的一言一行被完全暴露在外人的视野之下。因此，他们很容易为

---

① 报道人：西江 LMK，地点：西江镇，访谈时间：2013 年 10 月 20 日。

了满足旅游者的需求而假扮自己、制造旅游者想象的、符合舞台和各种媒体宣传中的"他者"形象。

被旅游带动起来的各种少数民族文化艺术节中，基本的活动内容大同小异，而且在每场活动中的节目形式几乎是相同的。这类由地方政府牵头组织的文化艺术节，一般是在主办单位管辖的行政区域内找一个大型活动场所进行。基本模式是大小领导讲话作为开场，大谈文化艺术节对弘扬民族传统文化的好处及重大意义。接着是文艺演出，在这些节目中有从省州市县歌舞团请来的专业演员，还有辖区内大小企事业单位的能歌善舞的业余表演者。苗侗歌曲、水族歌曲、羌族歌曲等原生态的民歌是主打歌曲，偶尔夹带一些"红歌"和流行歌曲。多数游客只会参加其中部分民族文化活动，大部分时间是当地少数民族群众自娱自乐。最后再由领导做总结性发言，宣布某某文化艺术节胜利闭幕。各地的文化艺术节活动内容单一、形式一致，几乎场场类似，年年雷同。

这种文化艺术节并非纯粹的民俗活动，它由政府根据当地少数民族节日的习惯决定的。有时还存在时间上不符合民俗习惯，或带有强制性的文化展演内容等问题。但这类文化艺术节又非专门为吸引游客而举办的活动，并不能满足游客的需要，相关设施也不齐全，有点不伦不类之感，明显是"文化搭台、经济唱戏"的旅游文化策划节目。

民族歌舞表演混杂，艺术性、真实性较低，表演化对民族文化的冲击很大。各地民族文化旅游地策划的旅游活动中，主要活动之一是民族歌舞表演。民族歌舞表演通过民族服饰、民族音乐、民族舞蹈等内容展现民族历史文化、生活习俗等，表现其独特的民族文化。民族文化商品化导致的是对民族文化"真实性"的怀疑。民族文化，特别是一些少数民族的民间习俗和传统庆典都是在固有的时空，按照传统的内容和方式来举行。但是，随着民族文化旅游的开发，为了方便旅游的观赏，它们不再按照过去传统的时间、地点、方式进行，而是走上舞台进行展演。在舞台展演的过程中，为了迎合游客的猎奇心理以及受展演时间的限制，民族文化的内容被压缩、添加，表演节奏加快。"这不仅会贬低传统文化在当地居民心中的价值，也会导致旅游者对'真实'追求最终走向失败"。① 当然，对于这种担心也有学者持不同意见，认为对"真实"的理解不能简单化，"民族传统文化并不是凝固不变的，而是一个动态的、流动的、开放的系统，它在历史上被创造出来时曾是新的，也必将随着历史的发展而变迁。……也许在民族旅游文化商品化的过程中，民族文化不可避免地发生了很大的变化，这些变化到底是可惜还是可取，关键在于变化是否有利于民族的发展"。②

西南地区尤其是贵州的民族村寨的旅游开发是伴随着周边省份民族文化旅游的兴起而开始的。在开发的过程中，借鉴周边云南、四川、广西等省（自治区）民族村寨旅游开发的模式。如新建民族文化村、生态民族文化村、民族生态博物馆等，这类早些年"打造"的民族村寨的旅游开发模式，都已经或多或少地暴露出各种问题，引发了众多的经济矛盾、社会矛盾、文化矛盾等，影响了民族旅游的良性发展。当然，只要认真总结他们的经验教训，做好未雨绸缪的规划，少走弯路，对于像贵州这样的旅游"后"发地区是有好处。

八 发展不平衡，意识落后，旅游文化产业层次低、深度不够

（一）旅游发展不平衡

目前，旅游市场结构不平衡，国内远程市场比例过低，主要以本地居民及区域市场为主。众多的民族村寨处于旅游发展不平衡阶段：有的民族村寨旅游开发已较为成熟，因此取得了很好的综合效益；有的民族村寨旅游开发刚刚起步，或者已经长期开发但经济效益一直不明显；更多的少数民族村寨旅游价值因为没有得到相关部门足够的重视，投资较少，旅游基础设施尚未完善，民族文化资源保存较好，这也是将来民族村寨旅游发展的潜在资源，即本书要重

① 马晓京：《民族旅游开发与民族传统文化保护的再认识》，《广西民族研究》2002年第4期。

② 李莉：《旅游业中的民族传统文化与现代化问题浅析》，《昆明理工大学学报》（社会科学版）2005年第1期。

点关注的旅游预开发地区。

中国西南许多民族村寨具有非常优越的自然地理条件，初级阶段的旅游开发中，许多民族村寨主要是展示现存的、历史的、民族的文化遗迹和独特的自然风光，尚未开发其他营利性的旅游项目。许多正在运营中的旅游景区开发建设层次低，旅游服务基础设施不完善，不健全。旅游产品比较单一，缺乏民族特色。旅游企业存在"低、小、散、弱"等特点，市场竞争力不够强。宣传促销投入的力度远远不够。这些项目可以纯粹地以营利为目的，不需要添加任何与民俗、文化相关的因素在内。在旅游开发过程中，地方政府和旅游开发商需要拓展视野，综合开发，主打当地民族特色，充分利用境内丰富的地理资源优势，带动民族地区的旅游发展，提升少数民族地区旅游发展的总体水平。

（二）旅游产业发展意识落后，区域协调发展不够

尤其是西南地区旅游发展相对滞后的贵州，旅游产业发展意识不强。以贵州为例，主要存在的问题是：旅游业发展过程中，各地州市之间缺乏区域旅游发展规划和统筹开发、整体推动的机制，旅游开发规划、旅游拓展战略研究、旅游形象策划和市场比较研究等仍需不断加强，要打破各自为政的乱象，充分发挥旅游业对区域经济的综合带动作用。

（三）旅游资源挖掘深度不够

一些民族旅游景区往往陷入经济开发优先，文化保护靠后的误区，似乎在开发初期一提"民族文化保护"就会吓跑旅游开发商似的。一些旅游村寨开发初期存在"短平快"的通病，对自身民族村寨资源的深度挖掘不够，基本上就是"苗家乐"、"侗家乐"、"水家乐"、"羌家乐"、"藏家乐"等，把喝酒、唱歌、跳转转舞作为主打娱乐项目，质量不高。粗放型的旅游开发会导致民族村寨失去原有的民族文化特点，商家过度地迎合游客的各种需求，进行不切实际的旅游开发活动。长此以往，村民会对自身民族文化缺乏感情，产生麻木心态，变成例行公事的表演。但是，游客到来的真正目的其实是想体验、感受少数民族真正的文化生活，而不是购买简

单的复制品。以旅游地生命周期理论来检验，这些民族旅游地刚经历探查和参与阶段就直接跳到停滞和衰落阶段了，省略了发展阶段，白白浪费宝贵的旅游资源，令人扼腕叹息。

第四章 西南五个民族村寨旅游开发的"双预"研究

第一节 民族文化旅游开发基本模式

目前，关于民族文化旅游开发基本模式，大致可分为四类：

一 节日文化型

少数民族地区节日是民族文化的最佳载体，中国西南少数民族民间节日丰富多彩，有"大节三六九、小节月月有"之美誉。贵州黔东南因为拥有众多的少数民族，各民族节日众多，甚至被称为"百节之乡"。游客观赏或参与少数民族的节庆活动，能够以最直观的方式了解、感受民族文化，获得真实的、丰富的民族文化体验。节日文化型是以民族节日庆典为主导，以举办大型节庆活动为导向的民族文化旅游开发模式。

二 "原生态"保护型

在一个民族文化极为丰富的村寨进行民族旅游开发，但并不改变当地人正常的生产生活秩序。"原生态"保护型多见于少数民族地区的民族文化旅游开发，它强调民俗的在地性，在民族聚居区选择较为"原生态"的村寨加以保护，力图向游客展现"原汁原味"的民俗和"真实"的生活状况。这种旅游开发形式既能满足来自现代都市的游客"求新、求奇、求知、求乐"的需求，又能提高游客的回头率。"原生态"保护型中还存在两种运营模式：其一是保持民族村寨旧貌基础上原地恢复保护性开发；其二是依托原地现存的旧貌再仿古创造性开发，重现该民族古代各个时期的传统文化风情。

三 民族主题公园型

这种模式是通过旅游开发商投资模仿再造少数民族的民俗生活环境、展示少数民族的婚丧嫁娶等活动而建立的主题公园，直接的目的就是旅游。它的优点就是将散布于众多地区的各少数民族集中于一个民俗主题公园内表现出来，令游客在较短时间内集中领略某一种或几种民族文化，不会对少数民族文化造成破坏，缺憾就是失去"原真性"，人工雕琢的痕迹太重。如深圳中国民俗文化村、昆明的云南民族村、贵阳的多彩贵州城等均是这种模式的典范。

四 民族文化博物馆型

民族文化博物馆是收藏、陈列少数民族实物和文献资料的专门博物馆，主要是为保护民族文物、丰富民族文化收藏而建立。目前国内主要有综合性民族博物馆、单一民族博物馆和生态博物馆。尤其是生态博物馆，在一种原生态的状态下，以"活博物馆"的形式和手段来展示少数民族文化，它将分散于人们生产过程中的民族文化旅游资源整合到一起，集中起来原地展示，保持民俗文化的活态。如中国和挪威合建的贵州六枝梭嘎生态博物馆、贵阳镇山村生态博物馆就是属于这种类型。

第二节 民族村寨的旅游预开发准备

一 村民个体的准备

目前，部分民族旅游开发区存在传统手工艺品因供不应求而导致粗制滥造、假冒伪劣盛行的现象，商家还有拉客宰客等问题。究其原因，主要是开发不当和管理不善。在民族旅游开发过程中，要摒弃急功近利的行为，充分考虑保护当地少数民族的文化遗产，保障他们合理的经济利益，真心实意地把他们当作主人，而不是作为被开发的对象。许多民族旅游地居民和外来开发商之间的冲突，主要都是因为外来开发商在文化保护上、经济分配上把本地居民边缘化，所以，在新的准备旅游开发的民族村寨要注意积极的引导、合理的规划和管理，尽量使双方互利共赢，避免类似情况的发生。

社区居民在民族旅游发展中没有参与的权利，没有内容作为支撑，旅游开发商只是形式上征求一下意见，没有真正落实社区参与的保障措施。旅游发展的经验教训告诉我们，必须给村民一定赋权，将部分村寨旅游发展决策权给予本地村民，要充分相信他们，让他们来参与决定民族村寨旅游发展的形式等，不能只靠领导决策与专家努力。同时，领导和专家只需要起着鼓励、支持和引导的作用即可，要帮助民族村寨发展权在社区的建立，切忌越俎代庖。在民族旅游发展过程中，过去日常生产生活中司空见惯的自然风光和民族习俗，现在成为吸引游客的主要资源。当地人逐渐为自己民族的特色文化和传统文化而自豪骄傲，主动地参与到旅游开发和文化保护当中来，参与能力和民主意识不断得到提升。但不容回避的问题是，少数民族群众文化水平、参政议政水平等综合素质较低，制约着参与水平的提高，政府和专家还必须有意识、有计划地对其进行旅游发展、服务接待、文化保护等相关知识的教育和培训。

发展民族旅游的过程中，村民参与旅游业，实际上是一个从无到有、从有到精的学习过程。村民社区参与的主观能动性一旦被激发，更容易学到所必需的旅游专业知识与接待服务技能，并能够及时反馈运用到实践中去。村民可以广泛参与社会物资交换网与信息交流网，促进社区内不同类别成员间的相互信任与理解。当然，想法归想法，现实生活中也有诸多无奈，贵州六枝特区梭嘎乡文化站的同志说："现在的文化改革主要着眼于文化产业的改革，以经济利益为基础。我们乡里面文化站的工作还达不到积极主动地去做什么，（我们的）事情比较杂，平时还要抽调去干其他事情，还没有与乡政府行政上的一些具体事情脱离开来。我们在许多事情上也没有话语权，都是上面叫干什么就干什么。"[①] 可见，村民的社区参与

---

① 报道人：梭嘎乡文化站的同志，地点：梭嘎乡政府，访谈时间：2011年7月20日。

权主要还是依靠地方政府高瞻远瞩的决策，否则对于处于弱势的村民来说，什么事情也做不了，基层管理部门也不敢贸然自作主张去给予村民旅游发展权的。

民族村寨旅游开发之后，为了满足展演的需要，许多民族村寨千年的宁静被打破，每天都有节目在固定的广场举行。敲锣打鼓、吹芦笙等过去婚丧嫁娶才用到的器乐和道具现在天天搬上场，但这是冒犯祖宗的事，怎么办呢？过去，苗侗村寨里一般人都不能随便摸铜鼓的。每次过节或祭祖的时候，要由寨老通过一定的仪式，亲自去把铜鼓从鼓房请出来，仪式结束之后再恭恭敬敬地礼送回去，一般情况下不允许动用，秘不示"外人"。但民族旅游开发之后，古老的禁忌被打破，需要在来自全国各地乃至世界各地的游客（"外人"）面前打鼓。一些好奇的游客还时不时地伸手触摸一下，或者参与进来敲一敲，体验一下，过去被认为是亵渎神灵的规矩着实让村民感到为难。有没有替代的办法呢？据其他学者的调查材料显示，雷山县朗德上寨在旅游开发初期，村民想到一个两全其美的办法，即打造一个新鼓专用于旅游展演，自己过去的老鼓还是恭敬地存放于鼓房，待自己过节或祭祖时才拿出来使用。这样既不耽误旅游发展，又不破坏传统，得罪祖宗和神灵。当旅游发展和自己某些文化传统发生冲突时，朗德上寨的变通做法值得许多民族村寨搞旅游开发时借鉴学习。①

二　村落整体风貌改造的准备

民族村寨开展旅游，在村落整体风貌改造的准备上应该要注意以下三个方面：

（一）事先发布通告

为加强民族村寨民俗生态旅游区管理工作，州（市）县政府可以采取联合发文的形式，下发"关于加强某某民族旅游区管理的通告"，通过各种类型的媒体，加大对外宣传力度，强化民族村寨民

---

① 高婕：《民族旅游发展背景下的民族文化变迁与保护研究——以黔东南苗寨为例》，硕士学位论文，华中农业大学，2009 年，第 55 页。

俗生态旅游的管理力度，对民族旅游景区内文化资源保护、传承、开发和利用起到很好的指导规范作用。

（二）加快民族村寨村容寨貌的改造工作

民族村寨的生态游是一个高质量的文化观光、民俗文化与自然风光和谐的复合型旅游产品，需要给游客提供一个安全、卫生、舒适、健康的旅游休闲环境。一方面，地方政府需要对民族村寨的村容寨貌进行改造；另一方面，需要进行民族文化收集、文物整理、传统建筑保护等，修建乡村步行道、寨门、路灯，改造房屋、电网、排水沟等基础设施。

（三）遵循"住城镇、游生态民俗"的原则

可以考虑将游客体验民俗的景点和住宿的地点分离，因为许多民族村寨的水源供应不能保证大量游客的洗澡等生活用水，住宿条件也不能满足游客的需要。游客回到县城等地方住宿，可以减少对少数民族聚居地的建筑改造，减轻对自然资源环境的破坏。同时也减少村民在旅游上的资金投入，村民进则为商，退则为农，不至于因旅游业发展低迷而致贫。弊端是游客不能全方位地体验少数民族的文化风情，村民也将失去住宿的经济收益。此外，这些民族村寨必须靠近城镇，若是太远当天从民族村寨旅游后返回城镇也不现实。

三 政府的准备

在宏观层面，政府在旅游场域中的主要职责应该是对场域内的各种资本承担者进行约束，运用手中的资本调配权利对场域内的利益纷争和利益冲突加以宏观调控，并制定合理的行动模式和规则。

在微观操作层面，政府对于旅游开发的具体职责应该是提供政策保证和资金支持，提供科学的规划和针对性的指导意见，加强基础设施建设等。

以民族村寨旅游资源中的民族文化保护为例，各级地方政府可采取多种措施，如鼓励相关机构通过各种形式保护传承少数民族文化；组织专家整理少数民族的文化遗产，鼓励少数民族民间文艺创作；加强各种层次的民族文化"硬件设施"建设，如对古民居的修复及民间文艺活动场所的重建，同时也不忽视"软件设施"的建设，如加强少数民族文艺人才的培养，少数民族艺术教育的推广等。

总之，各级政府特别是地方政府应当在旅游场域中充分地运用自身的政治资本和社会资本，推动各种资本间的合理流动和转化，从而使场域内政治、经济、文化、社会和谐发展。客观地说，政府在公共设施建设和旅游宣传等方面发挥着至关重要的作用。

旅游业的公共设施建设主要包括道路交通和民族旅游地的公共卫生、排污工程的建设。许多财大气粗的旅游开发商已逐步把民族社区的公共卫生及排污工程建设纳为自己的旅游工程建设体系。公共设施具有共享性与经济外溢性的特点，且公共设施投资较大，看不到直接的经济收益，作为经济理性的旅游开发商不可能把公共设施列入自己的开发项目中来，因此政府在招商引资时往往将建设公共设施作为准许旅游开发商入场开发的附加条件。

目前，旅游开发商在中国西南的云贵川渝开发了一些民族旅游区，但受制于道路交通建设配套的缓慢，客源量长期徘徊不前。由于交通道路建设巨大的资金投入，除少数资金雄厚的开发商敢于在民族文化资源丰富的旅游景区独立承担外，大部分民族旅游区的道路交通只有靠政府利用中央建设基金款、旅游国债、银行借贷和民间集资等措施来解决。由于旅游交通道路的迟缓建设，多数外地旅游开发商都是考察之后就没有下文了。许多风景秀丽、民族文化浓郁的民族村寨长期被闲置。基于道路交通安全考虑，旅行社也很少敢带游客前来旅游，只有少量的背包客敢于冒险闯"禁地"。道路交通建设的滞后严重阻碍了当地旅游经济的发展，使宝贵的旅游资源长期白白闲置。

在旅游地宣传、旅游形象整体打造上，都存在着经济外溢性的问题，即一家出资广告宣传、全体利益均沾。例如，在一处民族旅游开发地有着数十家旅游开发商，实力雄厚的一两家花费巨资对本地的民族旅游资源进行广告宣传和旅游推介，带来的旅游收益增加必然也惠及其他旅游开发商，而实际上却有七八成的旅游开发商在宣传上没有投入任何资金。因此，旅游地宣传与当地旅游形象整体塑造作为发展旅游不可缺少的要件，需要政府承担相关的统筹策划工作。

第三节　民族村寨在民族旅游开发过程中的预警研究

一　经济层面

综合来看，国内民族旅游地的旅游规划思路上普遍存在重经济、轻文化乃至忽视文化的不良倾向。旅游规划界普遍认可旅游开发"以资源为依托，以市场为导向"的理论。但是，民族地区的旅游开发有其特殊性，按照一般旅游规划的思路，过度地强调以市场为导向，盲目地追求经济利益，极有可能导致对少数民族文化的歪曲甚至主观地去建构"文化"，影响民族旅游地的民族文化保护和旅游的可持续发展。

从旅游产业的特点来看，旅游业是一个投资周期较长，收益慢，短期内很难看到效益的行业。以四川汶川县阿尔村为例，许多村民考虑到旅游以后接踵而来的游客，修建的房屋不仅要够自己一家人住，还要能提供游客住宿、用餐等。因此，重建的规模都超过了实际需求，这就大大加重了各家各户的经济负担。目前，阿尔村的家庭大部分欠债，而且大多具有银行债务和私人债务双重债务。从当前阿尔村的情况来看，旅游开发不仅没有给村民们带来经济效益，反而增加了债务负担，既有亲朋好友的债务，也有银行的债务。依照旅游经济发展本身的周期性特点来看，这种由旅游前期投入导致的经济负增长现象在两三年时间内都很难改变。

民族村寨发展旅游业，从保护民族文化的预警角度出发，结合旅游的经济外溢性，需要由政府出面设立少数民族文化遗产保护基金，为保护民族文化遗产提供可支配的费用。资金的来源有三种途径：

第一，由地方政府规定，按照一定的比例从游客的门票费或购买旅游产品的利润中抽取提成，注入民族文化遗产保护基金；

第二，由地方政府的税收等财政收入中拨款；

第三，广泛宣传少数民族文化遗产保护的意义和价值，争取社会捐赠包括游客的捐赠，其实也是借机向游客宣传民族文化遗产保护的价值和意义。

二　文化传承

将文化视为产业，而且是"最具前途的阳光产业"，希望以文化产业为引导来带动一方经济社会的发展。"民族文化"在这当中成了民族地区的"后发优势"，成了民族地区发展的"软实力"，背负着带动地方经济社会发展的重任。

民族旅游一方面落实于"民族"二字，强调族群和地方文化的独特性，打破"中心"的话语霸权，倡导多元；另一方面，由国家政府主导的发展大计又是以西方的"技术—现代化"为前提的，其实质是认同和遵从主流社会（从西方社会到汉人社会）的一系列科技、社会制度、语言及价值观等，并且为了争取更好的"发展"机会而不断地学习和融入主流社会。① 因此，从理论上来看，"发展民族旅游"是在"技术—现代化"模式上对社区理想图景的设想，但在实践层面上却很难实现。

汶川地震以后，随着外界的"他者"不断地涌入阿尔村，他们也将现代都市的气息带进了这个羌族村寨，主要表现在着装打扮、一些日用品的使用及流行文化的传播方面。年轻一代的阿尔村村民平时更习惯于穿戴从县城商店里买来的衣服，这其实是一个以前相对封闭的社区逐渐走向开放以后自然呈现的一种生活状态。

此外，地震以后汶川政府和一些非政府组织对"羌绣"的扶持和媒体的大力宣传报道，使得即使是从未走出过汶川县的当地

---

① 朱晓阳、谭颖：《对中国"发展"和"发展干预"研究的反思》，《社会学研究》2010 年第 4 期。

村民也知道本民族手绣衣服在市场上颇具价值，导致传统服饰在村民的眼中逐渐由"日常穿着的服装"向"可以交易买卖的商品"转变。

民族旅游业的勃然兴起，从根本上说是众多的民族文化、民族生存方式进入了世界工业体系的视野，越来越多的文化正在被纳入并参与这一体系的型构过程。① 在游客以文化差异体验为目标的旅游活动中，资本主义式的同质性的现代文明、消费观念等也逐步渗透到这些此前"尚未被污染的旅游胜地"，其直接结果是导致所谓的传统文化的转型，而在民族旅游中则表现为前后两分制的"舞台真实"。这一结果事实上是通过东道主与游客的互动而"同谋"建构的。一方面，游客希望在旅游地看到原汁原味的民族风情和未被人工改造的自然环境；另一方面，在涉及住宿问题时，游客却并不希望自己和当地居民一样住在"真实的传统建筑"中。为了满足游客的这两种自相矛盾的要求，东道主社会旅游从业者也逐步摸索和适应了两套旅游接待标准：他们一方面在"前台"穿着传统的民族服饰，将村寨外观改造得更为传统，甚至为此重新恢复了民族的宗教仪式；另一方面却又在房屋内部、公共场所和游客接待点进行着现代化的改建。例如汶川县阿尔村正在进行的"三线落地"、厨卫改造、安装太阳能路灯等工程，在某种程度上已经改变了村落的自然景观以及传统的家庭结构形式。

旅游开发可能给当地文化带来的另一个负面影响，就是为了增强本地风土人情的吸引力从周边民族地区采借、挪用和吸纳一些文化元素，并将其笼统冠之以某一族群文化之名，甚而形成一种专门为游客展演的"旅游文化"。以阿尔村的民族旅游发展为例，岷江上游的地域文化特征绝非以族群为分割单位，而是由于高山深谷的天然隔断而呈现出"沟域文化"特点，这一点已为学界所认可。羌族族群文化也并不是均质地分布于羌族聚居的岷江上游地区。但在

---

① 马翀炜、张帆：《想象的真实与真实的商品》，转引自张晓萍主编《民族旅游的人类学透视》，云南大学出版社 2009 年版，第 143 页。

非学术层面，尤其是在对外界的旅游宣传中，从各个沟域零散的羌族文化中挑选出来的"羊皮鼓舞"、"莎朗舞"及"释比文化"建构出了一个统一的、典型的羌族形象，我们可以称之为"大众旅游中的羌族形象"，在游客的想象中，这种典型的羌族形象则是在岷江流域各村寨连续地、均质地分布的。不难想象，为了迎合游客的这种族群文化想象，将周边地区，甚至是周边族群的歌舞糅合进本地歌舞表演中将会成为旅游开发以后的一种趋势，从而导致在"游客凝视"作用下的"族群文化的移植"。

在民族旅游规划模式中，强调少数民族语言和普通话的双语导游乃至英语等多语种导游。双语导游的好处：其一，游客可以与当地居民直接进行文化上的交流沟通，满足了游客观察和了解当地居民宗教文化信仰、居住环境、生活方式的需求，享受高质量"原生态"旅游的愿望。其二，促使当地居民对自身民族文化进行再认识、再反思，在旅游开发中发现自己的优势和长处，激发自己的民族文化自豪感、自信心。

正如人们所言："（通过旅游）自己认为的劣势和不足也许正是自己的长处；自己认为无用的东西也许恰恰是最宝贵的资源。"① 在这一过程中，即使是由于社会的变迁而失去实用价值的民族传统文化也有可能因为旅游的需要，转化其生存方式和用途，凸显其文化观赏价值，以另类的方式继续传承下去，当地居民保护和传承民族优秀传统文化的自觉性将会得到不断的提高。

三 社会性别

旅游作为一种强有力的现代性力量，在赋予女性新的社会角色的同时，也悄然改变着民族地区的社会性别结构。在旅游业发展的影响下，她们不再单纯是普通的家庭妇女，而是获得了更为复杂的社会身份，这个转变过程从宏观来讲是随时代发展被动地完成的。从微观分析，女性在此过程中也进行着积极的角色调适。旅游的发

① 江凌、陆文梅：《珠峰模式告诉我们什么叫生态旅游》，《民族团结》1999 年第 3期。

展对东道主社会中的女性具有多方面意义，从经济收入的角度来看，女性参加旅游活动可以增加其家庭收入，从而提高女性的经济地位；从社会意义上来讲，旅游带来的新思想、新观念，有助于东道主社会的女性冲破旧传统，接受现代文明，进而推动当地社区的进步。

当然，经济利益的获取附加在另一些条件之上，比如东道主社会女性的物化与符号化。旅游宣传总是倾向于将东道主社会的女性塑造为男性社会的诱饵，建构"柔情的""好客的"女性形象，成为一种非常特殊的"被叙事化符号"。

四　环境效益

有学者指出，"第三世界"或者"第四世界"在发展旅游时，往往不得不拿出他们唯一的"自然资源"去进行交换，以至于有的时候不得不以巨大的消耗甚至破坏为代价。① 地方政府及居民往往只盲目期待旅游开发后可能带来的经济效益，却很少考虑到社会效益和环境效益。以四川汶川县阿尔村为例，从旅游开发前景来看，阿尔沟原始森林在自然景观方面与周边的理县、茂县等存在一定的同质化现象，还面临九寨沟、都江堰等成熟旅游景区的竞争压力，因此很难对同样的游客市场产生不可抗拒的旅游吸引力。

贵州榕江县大利侗寨也存在同样的问题，游客去了从江的小黄侗寨，还会来大利侗寨吗？此外，旅游开发需要修建一定的基础接待设施，建材运输、施工，以及游客进去后产生的垃圾如何处理等都是问题，如果处理不好，则有可能对原生态的自然环境造成破坏。榕江大利侗寨仅有一条小河沟从村子的中央穿越而过，流量不大，若是大规模的游客进入，水源供应和污水处理就是一个大问题。

---

① 彭兆荣：《（后）现代性与移动性：生态环境所面临的挤压——兼论旅游人类学视野中的"旅游文化"》，转引自张晓萍主编《民族旅游的人类学透视》，云南大学出版社 2009 年版，第 39 页。

五 对外部世界的依赖性

东道主社会在积极进行旅游开发策划时，通常只强调旅游业发展后可能带来的经济收益，却忽视了旅游本身的特征是一种高依附性和脆弱性产业，对外部经济的依赖性极强。在我国的大部分农村，当地人都兼具多种生计方式。在黔东南榕江大利侗寨、六盘水地区六枝特区陇嘎苗寨、黔南荔波水利大寨以及四川汶川县阿尔村，大部分家庭在一年中分别种植水稻、玉米、土豆等粮食作物，以及花生、辣椒、白菜、莲花白等经济作物，农闲时打短工，还有的间歇式去县城建筑工地上班，或者自己开车跑运输，以多种经营方式维持生计。这种多种经营的生计模式既拓展了家庭经济收入的渠道，又分散了单一经济可能遭遇的经济风险。唯一例外的是，控拜苗寨的男性常年在外以打造银饰为生，风险性很小但收入却能保证。对于开展乡村旅游的社区，如果贸然鼓励村民转变传统的家庭生产方式和生计模式，转而成为"旅游专业户"则有可能增加村民的经济风险，加重其对外部世界经济的依赖性。例如，客源市场的经济状况变化、国家对经济的宏观调控、法定节假日的修改、社会综合治安环境、气候对交通可进入性的影响……各种因素的任何一个小波动都有可能引起客源市场的大变动。物价上涨、股市下跌、银行信贷利率调整等因素都有可能导致游客放弃出游计划，或者改选地理空间位置更近、花费更少的旅游目的地。因此，如果盲目号召村民发展旅游，一旦外界环境稍有变动，则有可能导致全部寄希望于旅游经济的村民们面临全面破产的困境。

六 利益分配与人际关系

旅游带来的利益分布不均衡，往往是引发旅游目的地社会内部矛盾的重要原因之一。这种分布不均衡体现在两个层面上：首先是社区（村落）与政府主管部门（景区管委会、地方政府、旅游公司等）的冲突。在这一层面，整个村落的民众作为弱势群体往往团结一致，以求在旅游利益分配中为内部群体争取更大的利益。其次是社区内部各家庭之间，与周边村寨之间为争夺游客也将可能产生矛盾。① 一般情况下，经济实力较强，有更多社会关系的村民——通常也是村委会干部比一般村民更有优势参与旅游。尤其是在旅游开发的初期，外面的游客需要食宿接待往往都需要事先联系村干部做好准备，自然这些游客也会被优先安排到村干部或者其亲朋好友家里。由此可能引起一些在旅游业中被边缘化，难以从中获利的村民的不满，长期积压还可能引发矛盾。

以前，笔者在四川丹巴县甲居藏寨田野调查就发现，某户家庭常年接待大规模的旅行社游客，喝酒唱歌等活动经常持续到晚上十二点之后，导致没有游客的邻居宋某严重不满，两家多年的邻居最终爆发武力冲突，宋某后因故意伤害罪被判刑入狱，造成大家都不愿意看到的两败俱伤的结局。②

十余年来，理论界对于我国各种不同类型的旅游景区的产权界定和收益分配问题一直争论不休。很多大型的旅游风景区、文化文物景区，在理论上、政策上还没有较好地解决这一问题之前，对于民族村寨旅游产品，更因其规模小、类型多、情况复杂，而愈加难以做出明确的划定。因此，在时间操作中，由于缺乏理论和政策依据，利益分配机制建立的随意性较大。开发初期，多数民族旅游景区由于各利益主体都迅速地从旅游开发中得到好处，矛盾相对较少；后期，随着游客量的增多，经济收益的增加，经济矛盾和利益冲突逐步显现出来。一方面，当地村民基本上脱离农业，成为旅游专业户，对旅游业的依赖程度增强，期望从旅游开发中获取更多的经济收益；另一方面，由于旅游开发商前期已投入大量开发资金和较高的经营管理成本，急于早日取得回报而不愿在经济收益上过多地让利于村民，双方发生的矛盾是显而易见的。

例如，2013 年 8 月，西江发生村民围堵寨门，禁止收门票的事

---

① 在田野调查中发现，同属控拜村的麻料寨与控拜寨就为争夺苗族银匠第一村的招牌暗暗较劲。一般来说，控拜寨的名气更大一些，但麻料通过本村一位在县里任职官员的关系，拉到一笔捐款，修建了"西江麻料银匠村"的寨门和村里大小巷道的水泥路。

② 报道人：甲居藏寨老村 BS，地点：甲居二村，访谈时间：2007 年 6 月 6 日。

件，整个事件持续一周。原因是他们认为，村民从门票收入中获得15%的提成分配过少。后来政府做出妥协，将村民分成提高到18%才得以解决。① 但是，这些都只是权宜之计，要从根本上解决类似的经济纠纷和社会矛盾，需要尽快在理论上取得研究的突破，在制定的政策上加以引导，在实际操作过程中根据具体情况制订较为灵活的利益分配方案。例如，在旅游预开发时期，为了鼓励更多的旅游开发商积极投入大量资金建设民族村寨，政府和村民可以将旅游收益更多地让利于旅游开发商，但是，也要和开发商事先声明，以后要发生分配的变动，免得开发商有受骗上当之感。随着旅游收入总量的提高，可以逐步提高政府和村民的旅游收益比例，尽量确保在开发经营的不同阶段各方利益能够得到比较合理的体现。

第四节　预警原则及措施

一　预警原则

作为民族地区发展方式之一的民族文化旅游，已经成为一种趋势和时代的选择。以发展旅游产业促进地方经济社会的发展，乃至进一步促进民族文化的保护是此类民族文化旅游项目想要达到的理想目标。开发民族旅游是个复杂的渐变过程，旅游地自身也存在生命周期。如果在至关重要的"开发"初期没有进行合理规划而盲目跟进的话，则有可能出现"发展的欢歌与实践的悲唱"。②

根据旅游地生命周期理论，旅游地的生命周期始于小部分具有冒险精神、不喜欢商业化旅游地的旅游者"早期探险"的行为。在"探查阶段"，只有零散的游客，没有特别的设施，其自然和社会环境未因旅游而发展变化。其后进入"参与阶段"，旅游者人数增多，

① 报道人：西江苗寨 LMK，地点：西江镇，访谈时间：2013 年 9 月 16 日。
② 王学文：《发展的欢歌与实践的悲唱——一个水族村寨的民俗旅游研究》，《原生态民族文化学刊》2011 年第 3 期。

旅游活动变得有组织、有规律，本地居民为旅游者提供一些简陋的膳宿设施，地方政府被迫改善基础设施与交通状况。

本书关注的贵州雷山县控拜苗寨、榕江县大利村、荔波县水利大寨、六枝特区陇嘎村以及四川汶川县阿尔村即处于旅游发展的此两种阶段，这也是决定今后当地旅游发展走向的关键阶段。通过前文对五个民族村寨的现状描述和"预警"分析，结合"旅游地生命周期理论"，本书认为，可以从以下五个方面入手制定一些预警原则，以尽可能地降低旅游开发给当地带来的负面影响。

（一）贯彻依法保护的原则

少数民族文化在经济全球化的背景下正面临着前所未有的生存危机，越来越多的学者大声疾呼要对少数民族文化加以保护性开发，主要有三点理由：

第一，对民族文化资源的合理开发利用可以带来直接的经济效益，民族地区经济的发展可以通过发展民族文化产业，发展民族旅游产业来实现。正如习近平总书记所言："既要金山银山，也要绿水青山。"[①]

第二，建设有中国特色的、先进的文化，需要对民族传统文化中优秀的东西进行发掘整理，对优秀的民族传统文化予以发扬。

第三，也是最重要的一点，民族文化的保护直接关系到民族平等、团结和各民族对国家的认同度等重大民族问题，与社会的稳定和国家统一密切相关。[②]

在 21 世纪之初，学界越来越清楚地认识到，民族文化的保护需要法律的介入。学者宋才发呼吁，应当尽快制定并出台一部（全国性的）民族民间传统文化保护法，用法律的形式保护优秀的民族民

[①] 中共中央宣传部编：《习近平总书记系列重要讲话读本》，"八、绿水青山就是金山银山——关于大力推进生态文明建设"，人民出版社 2014 年版。
[②] 赵杨：《近年来我国民族文化资源保护问题研究综述》，《中南民族大学学报》（人文社会科学版）2005 年第 2 期。

间传统文化遗产。① 但是，迄今为止，对于如何立法保护少数民族文化的问题仍然莫衷一是，并没有取得理论上、认识上的统一，尚未出台有专门针对少数民族文化保护的国际法或国内法，只是各省陆续根据自己的具体情况出台相关的政策法规。

人类的任何文化遗产，都是人类社会中不同民族在漫长历史过程中创造和保留下来的文化遗产。这些文化遗产不仅是民族的、国家的，而且是全人类共同的文化财富，是人类文化可持续发展的重要精神资源。因此，从生物多样性、文化多样性的角度来实施文化遗产保护，必然对各个民族特别是少数民族的文化遗产保护产生至关重要的影响。以贵州省为例，先后制定有《贵州省民族民间文化保护条例》、《黔东南苗族侗族自治州民族文化村寨保护条例》等政策法规，确立了少数民族文化保护范围、模式、政府职责和权限的划分等。例如，《黔东南苗族侗族自治州民族文化村寨保护条例》第四条规定："民族文化村寨坚持保护为主、抢救第一、科学规划、合理利用、政府主导、社会参与的原则。"② "政府主导"原则被明确提出。《黔东南苗族侗族自治州民族文化村寨保护条例》第七条规定："自治州人民政府文化行政主管部门负责自治州民族文化村寨的保护、管理和利用工作。县级人民政府文化行政主管部门负责本行政区域内民族文化村寨的保护、管理和利用工作。县级以上人民政府相关行政主管部门按照各自职责，做好民族文化村寨的保护、管理和利用工作。乡（镇）人民政府负责辖区内民族文化村寨的保护、管理和利用工作。村民委员会依照本条例规定，负责辖区内民族文化村寨的保护、管理和利用工作。"③ 可见，在保护民族村寨的文化上，贵州至少还是有法可依的，问题在于"有法不依""执法不严""违法不究"。贵州今后在民族旅游开发与民族文化的

---

① 宋才发：《论民族民间传统文化保护立法的意义》，《中央民族大学学报》（哲学社会科学版）2004 年第 3 期。

② 《黔东南苗族侗族自治州民族文化村寨保护条例》，自 2008 年 9 月 1 日起施行。法律法规网，http://www.110.com/fagui/law_347590.html。

③ 同上。

保护实践操作中，需要的是依法保护、贯彻落实提高政策法规执行力的问题。

（二）树立民族文化保护风险意识优先的原则

对于"后发"现代化的国家和地区而言，受到"先进"的现代化国家和地区的冲击，首先往往是观念或精神层面的变迁，即所谓的"观念先行"。对于中国广大的西南民族地区而言，其经济发展落后于中国东南沿海地区及本省的汉族地区，其现代化进程是后发型、外生型和赶超型。这些地区的政府和人民是在认识到自身与外部世界巨大经济文化差距的情况下才开始积极探寻自己的现代化道路，是在谋发展、谋赶超观念的指引下进行的民族旅游开发。笔者在田野调查过程中，看到榕江县城汽车站环岛中央矗立着一块巨大的宣传牌，上面写着"这问题，那问题，不发展是大问题；发展了有问题也是小问题"①，较能深刻地反映民族地区发展经济的强烈欲望。对于诸多少数民族地区而言，开发民族旅游实际上成为它们进入现代化独具特色的方式，甚至是唯一的救命稻草。他们想依靠这种方式，加速自身的"后发"现代化进程。

伴随民族旅游开发而来的外地游客带来了不同的文化，对旅游地的传统文化会产生不同程度的影响。但在大利村、控拜村、陇嘎村、阿尔村、水利大寨这五个民族村寨，由于游客数量还不是很多，尚未感受到以游客的现代文化为中心的外来文化对民族文化的强烈冲击。理论研究上，国内对旅游的社会文化影响研究初具雏形，有学者对旅游带来的社会文化影响做了专门研究，但是，对于少数民族地区旅游发展带来的社会文化影响研究还存在很大的缺失。旅游规划上，许多开发规划文本中，虽然大都有专门的篇幅阐述旅游给该地区可能带来的消极影响，但是，分析类似于"万能作文"，流于形式，家家相似，对当地传统文化的保护性措施只是隔靴搔痒，泛泛而谈。

在六枝特区陇嘎村，一个传统的家庭可能同时从事种植业、养

---

① 2012 年 2 月 28 日在榕江县城所见。

殖业等生产方式，男人农闲时还可以出去打短工、跑运输。这种多元的经济生产方式是当地居民在长期的社会经济生产中适应环境与规避风险的经验总结，是一种地方性知识的体现。但随着整个六枝特区开始制定旅游总体规划，陇嘎村成为梭嘎乡旅游开发的重点，这一过程可以说并非是陇嘎村人的市场适应和主动选择，而是在国家话语与政府主导的趋势下被动纳入"长角苗民族旅游"的整体开发进程中去的。村里人缺乏经营旅游产业的经验和资金，在大举借债和贷款投资的情况下，旅游收入的前景却并不明朗。很多村民并没有意识到，旅游产业是一种高依附性和脆弱性产业。因此，作为政府部门和专家学者，不应仅仅宣传旅游开发可能带来的经济收益，也应该让村民们充分意识到旅游行业的高风险性和不稳定性，鼓励其保留和发展其他生计方式，从而在市场波动中储备实现风险转移的能力。

民族文化旅游可能会因为过分商业化而丧失"原真性"。当民族旅游被注入过多的商业和权力因素而被高度结构化、舞台化和市场化之后，民族旅游会脱离原有的语境，而成为仪式化的符号，成为商业化的复制品，而民族旅游也将成为虚有其表的空壳。过度地追求经济利益，将会导致传统文化"庸俗化"或"洋化"的现象，必然会使传统文化失去本色，制造大量的"伪民俗"。许多民族旅游地建构的景观中没有当地文化生态中真正存在的任何依据，采取东拼西凑、移花接木、胡乱包装、瞎编乱造的方式建构"民俗"，附上花样百出的民俗传说、民间故事，等等。例如，在田野调查中，某县的旅游景点接待尤其是接待中的民俗歌舞表演上，缺乏"原真性"表现很突出。一些旅游景点出于赚钱的目的，一味地追求"高端"、"现代化"、"大场面"、"上档次"，不再追求民族文化旅游接待点的民族性和民俗性。这种不洋不土、不伦不类的民俗文化展示，使该县的各种民族文化（歌舞、建筑等）失去原有的文化内涵，真实性被极大地弱化，失去了"民族特色"。田野调查中认识的榕江县文管所的同志将这种行为比喻为"上穿西装，打领带，下穿草鞋",不伦不类,这种比喻让笔者颇感形象。①

此外,游客所带来的"外来文化"加速了民族地区传统文化的变异,也是民族文化旅游地丧失"原真性"的原因之一。"旅游实际上是一种多元文化的交会行为。当这种异族异地文化、思想观念、生活方式以及外界信息进入了当地社会,会对旅游目的地的'土著民族'带来强烈的文化冲击,干扰民俗文化的原有秩序和发展进程。旅游目的地的传统民族文化、民俗风情会逐渐被冲淡、同化以至消亡。"②"外来文化"产生强烈的冲击,打破了当地居民的传统民俗文化原有的封闭氛围,进而影响了他们的各种行为习惯,加速了语言、服饰、饮食、建筑以及生活习俗等方面的文化变迁,使某些传统民族文化特征被同化乃至消失。

张晓萍在对云南旅游市场的研究中首先指出类似的文化变异情况:"现在的旅游工艺品市场,所出售的'纯文化'产品越来越少,而'杂交文化'产品却越来越多;'土产品'越来越少,舶来品越来越多。随着伪劣产品和舶来品的出现,当地的工艺品生产受到了抑制,原来那些淳朴和具有独特民族风情的,在设计图案上具有浓郁民族文化内涵的工艺品,被那些看起来花花哨哨,设计追求标新立异,完全脱离了原文化根基,机器批量生产的'现代化'贝壳饰品所代替,使这些'老祖宗传下来的'贝壳饰品濒临消亡。"③ 悲哀的是,类似的悲剧每天都在不同的地点上演,学界的呼吁并未引起各级政府部门足够的重视。或者各级政府部门潜意识里认为,民族文化保护与 GDP 增加的重要性相比,并不重要,关注民族文化的破坏问题就会影响旅游地招商引资的环境。

(三)坚持"社区参与、社区优先受益"的原则

在民族学人类学的去"文化中心主义"指导思想下,通过梳理

---

① 报道人:榕江县文管所 MCG,地点:榕江县文管所,访谈时间:2012 年 2 月 27 日。

② 窦建丽:《喀什民俗文化旅游发展研究》,硕士学位论文,新疆大学,2006 年,第 30 页。

③ 张晓萍:《从旅游人类学的视角透视云南旅游工艺品的开发》,《云南民族学院学报》(哲学社会科学版)2001 年第 5 期。

民族村寨的文化脉络和变迁规律，引入"民族文化所有权""社区参与"及"可持续发展"的理念，探讨如何在保护民族文化不被破坏的情况下，保持民族文化旅游可持续发展，以达到让民族村寨传统文化保护与民族地区社会、经济协调发展的目的。民族旅游发展过程中，社区参与式发展的主体是少数民族群众，他们既担负着保护、传承、发展民族文化的重任，又是民族村寨得以可持续发展的重要保障。因此，保护村民的权利，坚持"社区参与、社区优先受益"，将当地村民文化、经济利益放在第一位，是社区参与式旅游发展的重点和核心。

少数民族地区从民族旅游开发中获得最大的收获是经济水平的提高。中国作为世界上最大的发展中国家，更重视旅游开发所带来的正面经济效应。以雷山朗德上寨为例，旅游开发采取工分制社区管理模式的运营模式，当地居民一方面仍然以传统的农业劳动为主；另一方面不同程度地参与旅游活动，并从中获得合理的分配利益。工分制的模式使朗德上寨更加开放，劳动人口的职业结构向从事非农生产增多的结构发展，单纯从事农业生产的劳动人口比例逐渐减少。

罗永常的研究发现，民族旅游开发往往只有少数人获益，多数人不仅不获益，反而要忍受旅游业发展所带来的不良后果，从而产生对发展旅游的不满和对获益群体的嫉妒、怨恨。他调查民族旅游地贵州郎德上寨周边的群众，普遍抱怨说："苗家的铜鼓是不能随便敲的，他们一有客来就敲，简直是辱没祖宗"，"你们不要狂，惹毛了我一把火把你寨子烧了"，"郎德的姑娘一天就陪客人跳舞，不做正经事，以后谁还敢讨那里的女人做老婆"？[①]

民族旅游开发为郎德上寨带来了丰厚的经济效益，而工分制管理模式则保证了旅游收益公平合理的分配。在工分制管理模式下，郎德上寨人人都有机会参与本村的旅游事业，不论男女老少，只要

① 罗永常：《民族村寨旅游发展问题与对策研究》，《贵州民族研究》2003 年第 2期。

穿上民族服装到表演场地就算对旅游有贡献，就有工分拿，就能参与收益分配。旅游带来经济收入的增长使村民得到了实惠，而利益就是保护民族文化的动力。毋庸讳言，与国家和民族精英的精神层面的追求不同，处于下层的普通少数民族群众，民族文化保护的主要驱动力源于经济利益，特别是那种"吹糠见米"的经济收益。少数民族群众合理的经济诉求倒也无可厚非，他们毕竟不是"圣人""贤人"，如果少数民族群众连基本的温饱都得不到保障，起码的物质生活条件都不具备，那么他们就会失去投身旅游或参与本民族文化保护行动的积极性。

当然，据笔者的调查研究，有一些实施社区参与的民族文化旅游景区，如中国和挪威合建的贵州六枝特区梭嘎苗族生态博物馆，由于受传统专制观念和官僚主义的影响，社区参与的实施仍比较单一和片面，远远达不到预料中的规模效益。笔者认为，在实施旅游开发的少数民族地区，必须尊重居民的意见，保护他们的经济利益，激发他们的民族意识，唤醒他们的文化自觉，同时也使他们的民族自豪感得到提升。许多民族地区的旅游开发实践表明，如果对民族文化的保护只是局限在上级政府部门、社会有识之士或民族精英的呼吁、努力，而得不到下层的、其原生土壤的文化创造者即普通百姓的支持，要想真正实现文化保护的目标无疑是空中阁楼。那么，如何获得普通百姓的支持呢？一方面，政府或社会有识之士应通过宣传教育来帮助普通百姓提高认识水平，帮助他们了解本民族文化的价值所在；另一方面，更重要的是，只有保证当地百姓在旅游中真正受益，他们才愿意参与旅游，才会积极主动地保护自己的民族文化。也只有得到文化创造者的支持，政府或社会有识之士的文化保护措施才能真正行之有效，不至于沦为空中楼阁。

少数民族群众作为当地的文化主体，对旅游开发和民族文化保护具有重要的影响力。在旅游开发中，政府有权不可任性，不能一厢情愿地按照自己的思路去开发、去发展当地的民族旅游，必须动员、借助当地少数民族群众的力量，争取他们积极有效地参与，才能实现民族文化资源的有效保护。当地少数民族群众一开始便应该有效地同步参与旅游开发，政府在政策制定和具体的旅游开发活动中要始终关注少数民族群众的利益。

实践操作中，民族文化旅游开发大都采用政企合作的模式，政府掌握资源、企业掌握市场，极易形成强势集团，当地少数民族群众往往被边缘化，缺乏对旅游开发的话语权、主动权、选择权和控制权。笔者认为，社区参与至少包含三个层面：

第一，合理引导的同时，尊重当地少数民族群众对文化的判断和对文化自由选择的权利。

第二，增强少数民族群众在民族旅游开发中的主人翁参与意识，主要表现为对民族身份的认同、对保护与弘扬民族文化的自觉，认为自己有权利、有能力去设计、规划好社区及本民族文化未来的发展方向。

第三，参与不仅是部分少数民族精英的参与，更应该是大部分普通少数民族群众的参与。通过民族旅游开发，地方精英开始重新审视自己民族的文化，有意识地展现文化、创造文化，愿意为自己民族的文化出力，但如果没有少数民族群众的广泛认同、支持和配合，地方精英也是有力无处使。

民族村寨旅游开发行为主体，理论上应该是政府、旅游公司、社区居民和游客。要提高旅游开发行为主体文化保护的自觉性，应采取社会赋权的做法：培育社区组织和社区精英。例如，雷山县控拜村附近的西江千户苗寨村民，虽然他们仍然生活在传统社区内，但生活水平得到了极大的提高，因发展民族旅游而建设的旅游基础设施，丰富了当地人的生产生活和休闲活动。跟周围村寨相比，西江千户苗寨的社区文化娱乐活动更加丰富。尽管还存在种种不足，但西江千户苗寨的村民们还是很满意目前的分配方式，有干部告诉笔者："我们寨子的事情都是由我们自己做主，出了问题是我们自己解决，赚了钱除了议定的交给政府和旅游公司的份额外，剩下的也是我们几个寨子（西江内部包含有几个小寨子）自己分，村民们对这个制度还是比较满意的。"①

地方精英同时也是当地的民族文化爱好者，他们对本民族的文化有着深厚的感情，愿意花费自己一生的时间和精力去保护、传承和发展本民族的文化。地方精英拥有一定的社会资源，他们所拥有的社会资源使他们相较于一般的少数民族群众在与政府打交道时能产生更好的沟通效果，可以成为少数民族群众的代言人。少数民族群众也希望借助于地方精英的力量提升自己民族的文化品位，扩大民族村寨的对外影响力。但是，在实际生活中地方精英在民族文化保护工作中的声音是微弱的，他们虽然也被邀请参与民族旅游开发的规划设计、民族文化的定位等方面的讨论，但这种参与行为象征意义大于实际意义，在政府有需要群众参与座谈的时候才被要求参与进来。同时，地方精英未受过专业的、系统的知识培训，各自所关注的重点不同，很难形成真正的合力，难以在民族文化保护方面发挥有效的建言献策作用。

（四）注重开发与保护同步互动的原则

民族文化是中国统一多民族国家珍贵的精神财富，具有脆弱性的特点，一旦遭到破坏将很难修复乃至无法恢复。当前，西南许多民族村寨民俗文化资源因过度的、无序的旅游开发而遭到严重破坏。为数不少的旅游开发商，利欲熏心、急功近利，为了更快地收回投资，对民族文化进行"掠夺式"的开发，而部分少数民族群众在没有意识到严重后果之前甚至充当"急先锋"和"帮凶"的角色，造成许多"原生态"的民族文化资源遭到切割，受到严重破坏。

民族旅游对于民族文化来说是一把"双刃剑"，利弊均有，利是可以产生经济效益，弊是可能破坏民族文化。因此，妥善处理好旅游开发和文化保护的互动关系是核心问题之一，应当力求做到以开发促保护、以保护促开发，实现二者的良性互动。在现实操作中，就是把握旅游开发的"度"的问题，即民族旅游对民族文化的

---

① 报道人：西江 LXY，地点：西江镇，访谈时间：2014 年 5 月 20 日。

开发究竟到什么样的程度合适？或者说什么程度的旅游开发能够既使当地人获益又能促进民族文化的保护？诸如此类的问题，实际操作起来确实很困难。学者们的研究论证再精彩也仅能是一些宏观上、理论上的对策或建议，至于这些对策或建议是否有效，则只能看当地政府、旅游企业以及民族旅游村寨居民在旅游开发实践中是否采纳？如何落实？最终只能让时间和实践给出答案。在旅游开发实践中，有些民族地区旅游开发不当，影响到当地民族传统文化的保护和发展。部分不良旅游开发商出于利益最大化的目的，鼓动一些短视的、急于取得政绩的地方政府官员，置民族文化保护于不顾，对原有民族文化旅游资源任意改造、夸张、歪曲乃至无中生有，以此来满足游客对异文化的猎奇心理，赚取昧心钱。

中国西南省份的许多民族地区都具有丰富的民族文化旅游资源，但民族文化传承和发展的情况并不乐观，尤其是旅游商品市场极其混乱。民族旅游资源的利用有一个"度"的问题，也就是资源承载量的问题，只有适度地开发利用，才能实现民族文化的传承和旅游的可持续发展同步进行。民族地区切忌过度无序的旅游开发，以牺牲民族文化的沉重代价来换取少数人或群体的经济利益。民俗文化作为民族旅游的重要卖点，关键是开发者把握"做什么"和"怎么做"这两个问题，使得旅游不再是破坏民族文化的消极因素，而应该是促进民族文化得到更好的传承发展的积极因素。在民族文化中，对于旅游可资利用的内容很多，但是很多民族文化是否能够被移植到旅游观光中，需要专家学者充分的研究、论证，以及在实践中加以检验。不能为了眼前的经济利益将所有的民俗事项统统纳入旅游中来，这既是对民族文化的浪费和糟蹋，还可能牵扯该民族的宗教信仰、民间禁忌等。

处理好旅游开发与民族文化保护的关系是民族旅游地区可持续发展的关键。民族旅游的可持续发展能更好地带动民族文化的保护与传承，使发展与保护互利共赢，从而达到真正意义上的可持续发展。同时，要注意民族文化保护的整体性，切勿厚此薄彼。如果那些有经济价值的民族文化资源被开发，那么这些民族文化就容易得到传承和保护，而那些不能产生经济价值的民族文化，通常最后结果就是被人们遗忘，这就需要政府发挥相应的作用，拨出专款给予扶持性保护。以贵州省内的两项国家级非物质文化遗产苗族银饰锻造工艺和彝族撮泰吉傩戏对比为例，苗族银饰锻造工艺由于具有良好的经济效益，学习者甚为踊跃，在相当长的时期内传承问题是毋须担忧，而彝族的撮泰吉傩戏表演，由于民间信仰日益淡薄，年轻人都不愿意学，若是政府不加大保护的力度，一旦仅存于世的两位国家级传承人作古，撮泰吉文化将很快消失。① 有鉴于此，我们需要形成保护与开发并举、以保护为先的良好态势。单纯功利性的民族旅游开发会造成民族文化商业化，单纯性的保护会使民族文化体现不出它应有的价值，二者的互利共赢关系才能使民族文化获得更好的保护条件，旅游也可得到可持续发展。

为了防止民族旅游开发过程中片面地追求经济利益，需要我们带着保护的意识进行民族文化的开发。但是，保护并不是把民族文化封存起来，装进博物馆，而是进行活态的、发展式的保护，通过继承和应用，使民俗文化得以发扬光大。民族旅游开发过程中，本土的民族文化受外来文化的冲击，应该是本土文化在继承和弘扬自身文化传统的前提下，不断进行文化创新的过程。民族文化只有在传承的基础上进行创新，把民族性和时代性相结合，才能够更好地传承。我们需要将现有的民族文化中优秀的部分加以整理、发掘，在继承的基础上不断创新，为民族文化注入新鲜的血液，才能使民族文化的优秀基因在新的历史条件下与时俱进，发扬光大。

（五）努力打造特色文化品牌的原则

依托民族文化资源进行开发的旅游品牌，应该在一定的时间空间内独具特色，具有相当的知名度和较强的市场吸引力。对于某一

① 此对比结论来源于笔者 2012 年在雷山控拜苗寨田野调查苗族银饰锻造工艺和 2014 年在威宁板底乡田野调查彝族撮泰吉傩戏。学习银饰锻造工艺，一年最低的收入都有七八万元，年轻人踊跃学习，而撮泰吉只有领导来检查工作时作一番"表演"，参加用餐而已，没有分文的收入，根本没有年轻人愿意学习。笔者深深地感受到两项国家级非物质文化遗产天壤之别的传承现状。

民族旅游地而言，它应该是能形成明显的旅游吸引力并推动旅游地整体向前发展的拳头旅游产品。因此，民族文化旅游品牌的定位必须强调其资源的独特性、地域的整体性以及该区域民族文化旅游资源的互补性和整合性，有序地进行整体性规划、开发，借助特色民族文化旅游品牌推动区域经济的发展。

第一，需要精挑细选，确定具有区域特色性资源的民族村寨。村寨是少数民族群众的家园，是民族文化旅游资源的主要载体，各民族的物质、制度和精神文化大都是通过典型民族村寨中的民风民俗呈现出来的。因此，对民族文化旅游资源进行深入和系统的研究之后，筛选并确定独具特色的民族村寨是民族文化旅游品牌形成的基础。例如，控拜村是以银饰打造工艺作为其主要的民族旅游特色，被誉为"苗族银匠村"；阿尔村是以羌族文化作为特色；水利大寨是以水族的头"卯"文化作为其文化亮点；大利村是以侗族古韵文化和侗歌文化作为其特色；梭嘎长角苗是以亚洲第一座生态博物馆所在地作为特色⋯⋯

第二，民族文化品牌的开发建设要注意民族村寨点线面结合。首先，从点上看应该通过充分的实地调查和系统研究基础上，结合当地旅游业的区域发展战略和各待选民族村寨所处的地理区位、交通区位和旅游产业区位等进行分区性开发。其次，从线上看中国西南民族村寨旅游线路也急需系统地进行规划线路的设计，不但要考虑形成区内的品牌，而且需要与区外的其他线路进行对接。最后，从面上看中国西南民族文化旅游资源的开发重点在藏族、苗族、侗族、羌族、彝族、布依族、壮族、水族等。每个少数民族在旅游开发的时候应深入挖掘本民族文化的内涵，打造本民族的特色品牌，在省内外乃至世界上树立本民族的品牌文化形象。

第三，要重视对民族村寨旅游文化的商品品牌建设。随着少数民族群众的商品经济意识逐渐加强，对迅速获得财富的愿望也相比于旅游开发前大大增强。在市场经济的利益驱动下，过去是出于人情交往的招待客人如今变成了旅游市场中追逐商业利益的旅游服务；过去是出于祭祖或自娱目的的唱歌、跳舞、打铜鼓，如今是游客付费的旅游表演等。甚至还有一些人为了在短时期内利益最大化，在贩卖旅游商品时不惜以次充好、以假代真，欺骗游客。如一些银饰本不是纯银制品的却信誓旦旦地告诉游客是九九银，一些刺绣品本是机器缝制的却告诉游客是手工制作的。总之，在旅游场域下，民族传统的正面价值观得到继续发扬的同时，一些新价值观念也在不断地生成。

二　预警措施

（一）加强村寨调查研究，控制村落的传统民居风貌

尽管旅游开发可能给当地民族文化带来消极影响，但我们不能因噎废食，打着保护民族文化的旗号禁止民族旅游业的发展。因为少数民族的文化价值就是在开发、传播及其与主流文化交融的互动过程中得到体现的，同时，少数民族群众希望通过民族旅游发展，提高自身生活水平的诉求也不容忽视。笔者认为，绝不能把民族文化与时代隔绝起来进行冻结式的保护，因为冻结式的保护既不符合民族文化发展的基本规律，也违背少数民族群众谋求发展的诉求。从社会道义的角度，采取冻结式的保护，是完全忽视少数民族群众求发展、求富裕的需求与愿望的，本质上是禁止民族文化的进步。有的人认为，要强调民族文化的"原汁原味"，这是一厢情愿的好心，也是不切实际的想法。在发展旅游的过程中，该民族传统的生活方式不可避免地发生改变，村民会接受他们认为好的外来事物，这有利于传统文化的发展，这一趋势是不可阻挡的。其实，就算不搞民族旅游开发，打工潮和电视传媒等外来因素同样会导致民族传统文化的变迁。与其被动地发生文化变迁，不如在预料到结果的情况下，自己掌握自己的命运，主动谋求发展，谨慎地面对文化变迁。

搞民族旅游开发，需要对准备开发的民族村寨旅游资源进行全面调查并整理分析。从全国民族村寨的发展历程看，在 20 世纪 90 年代中期，云南省就通过高校及相关科研院所的科研力量开始了对全省的民族村寨进行经济、社会结构和文化等方面的调查，并形成了许多研究成果，为民族村寨的旅游发展提供了丰富的基础资料。

相对而言，贵州在民族村寨旅游和民族村寨调查方面时间上不晚于云南，却长期停滞不前。对民族村寨调查研究的资料和成果应用上也相对滞后于周边省份，反而是外省学者对贵州民族村寨旅游的关注更多一些。在 20 世纪 80 年代中期，贵州印发了《关于调查民族村寨的通知》，并在随后的《贵州省文物保护管理办法》中规定："各级文化行政管理部门和城乡建设环境保护部门，应在调查研究的基础上，对于历史比较悠久、建筑具有特点、民族文化具有特色的典型村寨，根据其科学研究价值报同级人民政府核定公布为不同级别的民族保护村寨。"[①] 这一时期，全省各级文化文物部门开展了广泛深入的民族村寨调查和"民族村寨保护"申报活动，在调查研究、认真论证的基础上，率先有效地保护了一批典型的民族村寨。这些率先受到关注的民族村寨，也就是后来进行民族旅游开发的优先对象。

当然，村落风貌改造工程在旅游开发过程中非常关键。以四川汶川县阿尔村为例，虽然村民在公共空间的重建中刻意增加了一些羌族传统的装饰符号，但这些"改造"几乎都没有采用传统的建筑材料和工艺，仅仅是形式上的模仿，当然不足以吸引"早期探险"型的旅游者——此类型游客恰恰是阿尔村目前最主要的客源。后果更为严重的可能是对"私人空间"的改造上，一些村民在对自己的房屋进行"民居接待"改造时，为节约成本，完全舍弃了传统的房屋建筑方式，而大量使用钢筋混凝土等建材，屋里的火塘也被电炉取代。若照此发展，寨子的羌文化特色将不复存在。因此，阿尔村在旅游开发过程中应加强对村落整体风貌的控制，对各家各户住房的私人改造，村委会和地方政府应加强指导，给予一定的资金补助，使其尽量采用传统的材料和工艺。六枝特区陇嘎村的情况则完全不一样，受制于亚洲第一座生态博物馆这一招牌，政府对陇嘎村

---

① 《贵州省文物保护管理办法》第四章民族文物第二十二条。该办法于 1986 年 9 月 3 日贵州省第六届人民代表大会常务委员会第二十次会议通过，根据 2004 年 5 月 28 日贵州省第十届人民代表大会常务委员会第八次会议通过的《贵州省部分地方性法规条款修改案》修正。法律法规网，http://www.110.com/fagui/law_286729.html。

不敢进行改造，在离原村寨 500 米左右的地方异地建立一个新村，全部按规划图施工，每家每户门前还有一块院坝，栽有绿化树。陇嘎村的做法未尝不是一种有益的民族文化保护尝试呢！文化变迁是缓慢的、不经意的，目前最容易看到的是村民传统建筑的变迁。个别富裕的村民对居住条件不满，对自己的住宅进行现代化的改造，如改用砖墙、用铝合金代替木质窗户等（见附录大利侗寨田野调查照片），这些做法严重地破坏了民族村寨建筑群的民族风格和古朴感，与周围的景观极不协调。应加强对村民的政策法规宣传和指导，多做思想工作，必要时通过寨老等传统社区力量对当事人施加舆论压力，或者地方政府采取强制性的经济处罚等，对旧房改造采取"整旧如旧"、"外部古老，内部现代"的办法。

（二）加强跨行业、跨部门合作保护

民族村寨旅游开发中，要加强企业与学者的合作，政府与村民的合作，政府、企业、村民的合作。各方摒弃短视行为，采取先规划、后开发的原则。最为重要的是，成立专门的管理机构，形成省、州、县、村各级政府部门的协调机制。

首先，学者专业的理论知识和调查研究成果可以成为旅游开发和民族文化保护的重要参考依据。陇嘎村、水利大寨、大利村的旅游发展，在开发规划之初便咨询学者的意见，充分征求各方意见。当前，从县里的旅游规划到具体民族村寨的旅游规划普遍选择大学或科研院所的规划设计单位或专业的旅游设计公司进行规划设计，这些规划设计人员的专业知识涵盖旅游规划、环境科学、旅游法规、环境艺术、旅游文化和旅游经济等，在一定程度上保证了旅游规划设计的合理性和科学性。在开发过程中，学者的调查和相关专题学术会议的召开对旅游发展规划也会起到积极的修正作用。当然，不能百分之百地依赖学术界提供的旅游发展建议。许多学者的研究也有纸上谈兵之弊，就笔者所收集的与苗侗文化、水族文化、羌族文化保护的相关学术论著来看，部分学者的研究视野局限于研究旅游地的历史、价值、旅游开发的意义和产业化建设等方面，缺乏对民族文化在政府参与改造推广后所发生的社会文化变迁等方面的深层次研究，提出的政策建议显得空洞无物，没有针对性、可操作性也不强。

其次，成立州（市）、县、镇（乡）三级管理机构。中国当前的国情下，政府具有强大的资源，没有政府政治上保障，口头理论上说得再多，许多事情根本无法推进，流于口头上的呼吁。为了加强对民族村寨民族文化旅游项目的指导，确保项目落到实处，州（市）、县、镇（乡）人民政府应该成立民族村寨旅游项目管委会之类的机构，下设办公室，明确专人负责旅游项目的管理和实施，为工作的顺利开展提供组织上的保证。此外，以基层民主为出发点，放手让基层行政组织来发挥新的组织动员作用。当然，在许多少数民族村寨，还可以考虑让德高望重的寨老、族长有充分的话语权，发挥他们应有的作用。在社区参与的旅游管理模式中，要注意结合地方政府和村干部，辅以寨老、族长相结合的方式，形成民主、法制和传统力量相结合的多重管理机制。

再次，可以考虑组建村寨民族文化管理协会。在管委会的宣传动员下，旅游项目区内各村可以因地制宜，通过召开村民代表大会，选举成立旅游管理协会，设置文化监督信息员，根据自身的实际情况制定相关协会章程，明确相关机构和人员的职责。同时，要求各村寨文化监督信息员及时准确地监控信息，定期向省州旅游部门上报，为下一步旅游规划工作的开展和民族文化保护提供信息参考和决策依据。例如，在笔者的田野调查中就发现，雷山的控拜村在贵州师范大学但文红教授等热心人士的帮助下，建立起控拜银匠协会，制定自己的章程，甚至有自己的网站。控拜银匠协会成立的目的，首要的是杜绝假银饰，建立起自己的品牌信誉。据调查，目前已经有许多网友通过网购的方式购买他们的银饰，可见银匠协会打造的品牌效应已经初见成效。

最后，加强政府、旅游开发商、村民之间的合作与沟通，组成当地的旅游管理委员会。在民族旅游开发的过程中，少数民族群众需要一个可以表达他们心声、与政府和旅游开发商沟通交流的有效平台。这个平台应该是贯穿旅游发展始终的：包含旅游发展规划的建议权；旅游项目建设过程中，少数民族群众对征地政策的了解；旅游管理计划的制订等。如果村民只是单纯地执行上级部门制定的政策，有强烈抵触情绪也无法落实这些管理制度。旅游管理委员会，成员应包括地方政府旅游部门负责人、当地零散的私营旅游企业代表、当地社区代表、旅游开发商代表等。如果只是政府部门一家独大，仅凭"铁腕式"的长官意志，自己唱"独角戏"，其他群体的各种利益诉求被忽视、得不到满足，民族文化旅游也不可能实现可持续发展。

（三）控制旅游打造式的投资，鼓励软投资

发展民族旅游业，可以说是西南民族地区乡村社会经济发展最有效、最快捷、成本最低、代价最小的发展路径。但是，由于民族村寨旅游规模小，初期市场宣传成本高，且往往山高路远、投资环境不佳、经营管理成本高和政策制约等因素，使许多旅游投资者望而止步。目前，我国西南民族地区很多资源不错的村寨要么还处在未开发的状态，要么对外名气很大，却长期处于"原始"的自然状态，只有零星的背包客光顾，民族文化旅游资源远远没有给当地老百姓带来应有的经济实惠。因此，无论从惠民的角度考虑，还是响应国家主席习近平2020年实现全国同步小康的号召，各级政府都需要加大力度，建设内外部基础设施，尤其是改善景区的道路交通设施，制定更为宽松灵活的招商引资政策，创造一个民族村寨旅游业发展的良好环境。例如，在六枝梭嘎的旅游开发中，地方政府大力发展民族旅游、文化旅游的政策导向促使大量资金流向陇嘎村的基础设施建设，当地村民的基本生活条件不断得到改善。当然，地方政府投资的目的是借"原生态"长角苗文化之名，打造、宣传和推介六枝旅游，促进六枝经济的发展。

政府在加强旅游资金投入的同时，应重视对村寨民族文化的"软投资"，加强对民族民俗的研究。例如，聘请熟悉该民族历史的专家学者撰写村寨民族志、民族民俗文化资料，帮助提炼民族文化的内涵；聘请民俗专家对导游和接待服务人员进行培训，提供高质量的民族文化旅游产品；通过各种方式增强为游客服务的一线旅游从业人员对民族文化的认识和理解，借助他们的一言一行，引导游客对地方民族文化的理解与尊重，促使游客花钱但不任性，致力于保护民族旅游地的文化资源。

旅游投资并非一本万利包赚不赔的买卖，它同样是一种风险投资。旅游市场脆弱而多变，村民大肆举债改造房屋，但最终并未等来游客的事情也有可能发生。对于经济实力不强的村民，笔者认为，没有必要动员他们进行大规模的民居接待的准备，而应将更多的精力投入到歌舞、服饰制作、传统知识和文化的学习中，对自己的接待能力进行"软投资"。这样做，既能减少村民的债务负担，降低村民旅游经济投资风险，又能促进民族传统文化的传习。简言之，面对旅游发展大潮，他们能赚钱更好，不能赚钱的话，借助民族文化旅游的东风把自己老祖宗的文化很好地传承下去也不会吃亏。

（四）保证民族文化遗产得到整体保护

近十年来，非物质文化遗产受到国家层面的高度重视，一些旅游目的地政府和旅游经营者将本地的非物质文化遗产炒得很热。这些地区通常会以非物质文化遗产作为主打名片，招揽生意，吸引旅游者，从而获取经济收益。在黔东南苗族侗族自治州，侗族大歌是世界级的非物质文化遗产，省级和县级的非物质文化遗产项目也有很多，而旅游者旅游的过程中并不能看到、体会到"非遗"的真正内容。非物质文化遗产如果能够真实、丰富地参与到民族文化旅游中，高质量地、全面地展示"非遗"内容，一方面对"非遗"项目是一个强有力的宣传；另一方面也能够产生可观的经济效益，从而使得"非遗"的传承和保护得到长效有力的保障。所以，树立民族文化遗产保护的整体意识非常重要。

民族村寨旅游发展中，民族文化是当地最为重要的旅游吸引物，必须树立文化遗产保护的整体意识，才能使民族旅游得到可持续发展。有学者中肯地指出，"对具体文化事象保护，要尊重其内在的丰富性和生命特点。不但要保护非物质文化遗产的自身及其有形外观，更要注意它们所依赖、所因应的构造性环境"。① 简单一点来说，就是要保护非物质文化遗产的"文化空间"。在旅游预开发地区更为重要的是，在游客还未大规模到来前，提前培育社区居民的文化保护意识。否则，等到社区已经开始全面迎接游客时再谈保护则为时已晚。民族文化保护不仅是村委干部应去落实的重要工作，更是普通村民应形成的文化自觉。建议由村委会引导村民集体商议村寨传统文化保护的条规，并将其具象化为村规民约。同时，要重视对下一代的传统文化教育和观念培养，包括在家庭的日常代际相处中，学校教育中也应有意识地渗透民族文化保护的内容。在汶川县众多的羌族村寨中，阿尔村之所以能够脱颖而出而被选中作为全县旅游规划中的明星村就在于其保存较为完整的羌族传统文化。同样，20 世纪 90 年代中期，亚洲第一座生态博物馆落户贵州六枝特区梭嘎乡陇嘎村，是我国保护少数民族文化的新尝试。荔波县水利大寨依托当地的"卯文化"资源，开展社区参与的民族文化旅游，这是保护非物质文化遗产、促进民族地区可持续发展的主要途径。雷山县控拜村被贵州省文物局列为"贵州省村落文化景观保护示范村"和"贵州省村落文化景观保护探索示范点"。2013 年，榕江县大利侗寨被国务院列入第七批全国重点文物保护单位。这些村寨，拥有各自的民族文化特色，成为他们发展民族旅游业的文化资本。

（五）正视社会文化变迁，尊重文化传承机制

不能用"静止不变"的眼光来进行民族传统文化的保护，一方面，从产生方式上来说，文化本来就是再生产出来的，即便没有民族旅游的介入，一个民族的文化同样也会随时代的变化而发生变迁。不能一味地强调所谓"传统"，对民族文化进行"冷冻式"保护。正确的做法应当是以动态的、发展的眼光来看待民族文化，科学地确定民族文化保护的对象及内容。另一方面，从内容上说，民族传统文化作为一种历史产物，是精华与糟粕并存，绝不是完美无

---

① 刘魁立：《非物质文化遗产及其保护的整体性原则》，《广西师范学院学报》（哲学社会科学版）2004 年第 4 期。

缺的，所以应对其进行明确的区别。

通过田野调查，笔者发现许多民族村寨的民族文化在旅游开发中所面临的机遇与挑战是双重的：一方面，旅游开发有可能给民族文化带来机遇，激发当地人的文化自觉①，使其意识到自己民族文化的独特性，有意识地去恢复和重建自己濒危的民族文化，增强其民族荣誉感、归属感和认同感。另一方面，旅游开发可能会给民族文化带来消极影响，例如在利益驱动下不择手段地去制造一些子虚乌有的"民族文化"，将某些神圣的民族文化商品化、表演化。

在民族旅游活动中，文化涵化的过程是最引人注目的。涵化理论认为，当两种文化在某一时期内发生碰撞，其中的一种文化通过借鉴的过程而变得多少像另外一种文化。作为旅游者来说，他们不易从东道主那里借鉴文化，而东道主的人民却很容易受外来文化的影响，这就促使了东道主地区一系列变化的产生。② 变异性也是民俗文化的基本特征之一，当外界环境已经发生翻天覆地的变化时，一味要求"地方"继续按照多年以前的生产生活方式过日子是不现实的。技术、环境、社会、市场网络等的变化必然会导致民俗事项的变迁，所谓的"原生态"只是现代性对"他者"的幻觉。传统民族文化在当今社会的剧烈震荡下必然会在某些方面发生变迁的"事实"，对于政府行政部门而言，保护和传承这些乡土文化，不是"重建庙宇，包装上市"，而是遵循其内部的"文化法则"与认同智慧，保护其传衍机制。③

从长时段的历史来看，很多传统文化的外在表现形式都在社会历史进程中发生了较大的变化，但只要其核心精神和信仰层面并未发生本质性的改变，形式上的变异事实是顺应社会发展潮流的一种应变性反应，"变异"是为了更好地适应和发展。在面临旅游大潮

---

① 徐新建：《开发中国："民族旅游"与"旅游民族"的形成与影响——以穿青人等为案例的评述》，《西南民族学院学报》（哲学社会科学版）2000年第7期。

② ［美］瓦伦·L. 史密斯主编：《东道主与游客——旅游人类学研究》，张晓萍等译，云南大学出版社2007年版，第234页。

③ 王学文：《主仆与制衡——江西石邮傩的传衍》，《民俗曲艺》2010年第9期。

即将带来的各种改变和影响时，应该正视这种社会变迁，尊重非物质文化遗产内在的传承机制，这也是当地民族文化传承的关键所在。一种拥有内在发动力和制衡机制的文化在面对任何变迁时都能做出从容自信的选择。同时，又要看到文化具有发展性，通过民族文化旅游，可以巩固、激发少数民族群众对本民族传统文化的认同，并通过对他族文化的合理采借来促进自身民族文化的发展，实现民族文化旅游开发的社会文化效益。

第五章 预警：旅游开发背景下民族文化发展的可能路径

如前文所述，民族文化旅游开发对民族旅游目的地来说是一把"双刃剑"，利弊参半，在激发民族文化复兴的同时，也给民族文化带来了不同程度、不同层次的冲击，尤其是商品化对民族文化的巨大冲击。有学者认为："文化的商品化意味着文化可以用金钱来衡量，标价出售。旅游带来一个市场，让文化成为可以交换的物品，实现交换价值。"① 但是，也有学者持不同观点，马晓京就认为，"民族文化商品化"与"民族文化旅游资源商品化"是两个概念，"旅游开发中的民族文化商品化往往停留在文化'表象价值的商品化'，是民族文化旅游资源商品化"，"民族文化一旦出现在旅游市场上，它就不再是民族文化的原生形态，而成为一种新的、有偿有价的民族旅游文化商品的再生形态。……将民族旅游文化商品化视为旅游对民族文化的消极影响过于片面"②，"应该将民族旅游文化商品化过程理解为一个不断发展的过程，作历时性的考察"。③ 旅游作为一种全球化运动，造成的文化影响，既有激发旅游地社区居民文化展示的正面效应，也有消解社区居民文化的负面影响。全球性

---

① 徐赣丽：《民俗旅游与民族文化变迁——桂北壮瑶三村考察》，民族出版社 2006 年版，第 163—164 页。

② 马晓京：《民族旅游开发与民族传统文化保护的再认识》，《广西民族研究》2002 年第 4 期。

③ 马晓京：《民族旅游文化商品化与民族传统文化的发展》，《中南民族大学学报》（人文社会科学版）2002 年第 6 期。

现代化带来的是强势话语对弱势话语的遮盖、湮没，也就是以西方发达国家现代化的"文明"标准去统合人类文化的多样性，以主流去代替边缘，以一致性去同化个性。在全球性现代化的语境下，旅游开发带来的外界同质性文化的影响，造成地方文化、民族文化和传统文化异化，使文化个性和文化多样性面临灭顶之灾。综上所述，笔者认为，旅游开发背景下民族村寨文化的发展可能会出现三种情况：民族文化衰退、民族文化异化、民族文化复兴。

第一节　民族文化衰退

学者们普遍认为，旅游开发给民族文化带来的影响是双重的：一方面，旅游开发增加了少数民族群众的经济收入，拓宽他们的认识世界，使其更快地走上"全球化"道路，增强了少数民族群众的文化自信心，激发少数民族文化的复兴。另一方面，旅游开发对民族文化带来强烈的冲击，称之为"culture shock"，导致民族文化同质化、庸俗化和商品化，对民族文化的发展环境产生消极的影响。但是，有学者指出："旅游出现在当地社会与现代社会的'接触区'。在社会的交会处，通过传播和融合的过程，各处的文化都在经历一个持续的再创过程。那种片面地认为旅游是导致民族文化变迁直至消亡的'刽子手'是不客观的。"[1] 随着经济、社会文化的变迁，一些民族文化渐渐丧失其原有的功能、乏人问津，乃至自生自灭也是正常不过的现象。在旅游开发中，无论是地方政府还是旅游开发商总是针对市场来挖掘民族文化资源，合理的开发有利于民族文化的延续，在某些情况下还可能促使文化复兴，无论这种民族文化是不是"原生态"，从文化多样性的角度来看都有其独特的价值和意义。

---

[1]　李莉：《旅游业中的民族传统文化与现代化问题浅析》，《昆明理工大学学报》（社会科学版）2005 年第 1 期。

彭兆荣认为："旅游是介乎于东道主和游客之间的结构性行为，就不仅仅指具体的人的行为，它必定包含着一种自然生态或者生产形态的改变。旅游开发时常成为'建设／破坏'地方性资源和民族传统文化的一对矛盾。在旅游开发建设中，如果贸然把自己的特色去作金钱交换，又无法使这种交换长时间地继续下去，悲剧就不可避免地发生。"① 对于中国这样的第三世界发展中国家而言，需要特别警惕的是：切不能以牺牲独具特色的地方性文化资源为代价，削弱了可持续性的旅游发展。但是，从当前中国西南许多民族村寨的旅游规划来看，政府基本上是"重形不重器"，只考虑到对外在的、看得见的民族建筑对保持民族特色的重要性，没有将内在的民族文化保护列入其中。在进行资金预算时，也是能省则省，没有把文化保护的费用列入预算当中。

某侗歌传承人无奈地说："现在政府所做的一些东西对于文化提升、对于我们老百姓没有什么用处。现在主要是'文化搭台、经济唱戏'，花大量的资金去办一些热热闹闹的晚会，这对于我们侗歌传承人没有什么实际的意义。我们侗歌传承人好多都是经济生活困难的，没有办法真正投入其中，还要做活路养家糊口，真正靠唱歌谋生的少。"②

在民族旅游资源丰富的中国西南地区，诸多民族旅游预开发地区往往是地方政府和旅游开发商全力打造某一民族旅游地之后，众多旅行社就一哄而上，接踵而至的是大量的游客。旅游开发商和旅行社大都以利益最大化为目标，全然不顾及当地少数民族文化的可持续发展。随着大量游客的涌入，当地少数民族文化在一种任其发展的环境下，急速地发生汉化现象。在田野调查中，许多旅游开发商也承认注意到这个严峻的问题，但基本上没有采取任何措施。旅游开发商普遍认为，保护民族文化的成本大，符合远期投资考虑，

---

① 彭兆荣：《"东道主"与"游客"：一种现代性悖论的危险——旅游人类学的一种诠释》，《思想战线》2002 年第 6 期。

② 报道人：榕江大利村 Y 先生，地点：大利村，访谈时间：2012 年 2 月 20 日。

而自己往往只负责开发管理十来年，合同期一到也许就卷铺盖走人，担忧这个问题是"杞人忧天"。实践操作中，即使是承包开发管理的年限长，鉴于任何旅游地都具有的旅游地生命周期问题，除非是政府管理部门有先见之明，做出硬性要求，否则资金力量薄弱的中小开发商也不增加投资额度来保护作为旅游吸引物的民族文化。大家都在"掩耳盗铃"，"揣着明白装糊涂"，反正民族文化的破坏是缓慢的、渐进的，"温水煮青蛙"，死了也不觉得疼。

钟敬文曾就外来文化的借鉴和吸收问题说："借鉴、吸收的目的，是促进本民族的现代化事业，如果忘了祖宗，一味模仿，就会变成盲从，盲从不可能把自己变成别人，反而失掉了自己。"① 更有学者悲观地认为："旅游业一旦开发到哪里，哪里的传统面貌便会急剧改变，从衣着、建筑到生活方式都迅速地与外来者趋同。"② 还有学者从文化传播的角度研究旅游对目的地认同的影响，提出："游客的示范效应会导致认同感的改变，会引起旅游目的地居民的模仿和学习，甚至产生一种地方文化的自卑心理。"③ 一言以蔽之，旅游大开发背景下，各民族村寨的民族文化毫无例外都面临着文化衰退的危险局面。

第二节　民族文化异化

在民族旅游开发过程中，面对各种"外来"的因素和力量，"本土"的文化持有者会对照他者文化，反观自己的文化，去重新认识、重新发现自己文化的价值。"民族传统文化的变迁是一个不以人的意志为转移的、客观的历史进程，传统文化得以传承的前提

---

① 钟敬文：《民俗文化学发凡》，载《钟敬文文集》民俗学卷，安徽教育出版社1999年版。

② 张铭远：《大力开发民俗文化旅游业》，《民俗研究》1991年第3期。

③ 李蕾蕾：《跨文化传播对旅游目的地方文化认同的影响》，《深圳大学学报》2000年第2期。

条件取决于其在当下的'有用性'。这种'有用性'的最终评估并不来自研究者和政府官员，而只能来自居于该民族传统'主位'的文化持有者的认知。换言之，传统文化是不能被处于'客位'的人的'理性'行动保护下来的，文化传承的内源性动力只能源于居于该种传统文化'主位'的他的持有者群体的'文化自觉'，而这种'文化自觉者正是对其传统文化有用性的一种界定和回应'。"①

民族文化旅游区与自然风景旅游区的开发是不一样的。从文化变迁的角度来看，民族文化旅游区开发过程中，少数民族文化成为主要的旅游吸引物，甚至少数民族的日常生产生活也会被开发成特殊的旅游产品，当地人的生产生活方式将可能被彻底改变，这种文化变迁的方向又反过来影响旅游业的可持续发展。一方面，"落后"的少数民族村寨一般保存着"原生态"民族文化，而游客来自经济发达的现代文明社会，在搞民族旅游时，需要妥善处理民族文化与现代文化二者的关系。通过对少数民族群众的培训教育，引导他们走出盲目趋同强势现代文化的误区，树立自己民族的文化自信，否则就有可能导致盲目汉化。另一方面，也要注意现代文化与民族文化两者相和谐的一面，少数民族群众有权自由选择自己的生活方式，但作为本民族的一员，每一位少数民族群众都有义务和责任保护处于弱势的本民族文化。

从民族村寨自身的开发来看，交通、通信等方面的开发主要是由政府主导实施，政府主要考虑的是游客的可进入性、外在的美观。道路基础设施的建设在一定程度上使少数民族群众的日常生活更加便捷，但在建设时未能充分考虑村民的意见，这些路修通后村民并没有太多的积极性加以维护。到目前为止，五个旅游预开发民族村寨的乡村公路整体路况并不好，坑洼不平，车辆行驶在上面非常颠簸，并不像在其他旅游开发村寨所见到的平整水泥路。村里的石板路除了经常走动的主干道外，很多都被杂草覆盖而没有人清理。以荔波水利大寨为例，当地卸任村官吴某说："卯文化中心是

---

① 郭山：《旅游开发对民族传统文化的本质性影响》，《旅游学刊》2007 年第 4 期。

在我当村主任的时候修的，但是修得不伦不类，非常怪，但是不怪我哈。我当时说把钱给我们，我们自己找人来修，但是政府怕我们把钱花了办不好事，坚持要他们自己来搞，搞得不成样子。"① 另一位在场村官也插话说："政府在制定项目时并没有征求我们村领导的意见，只是有老百姓闹事时才会想到叫我们去做思想工作，所以现在村委会干工作热情也很低，大家更关心的是自己的事情，县城或附近有零活就去做工赚点零用，村里的这些项目政府说怎样就怎样，反正我们也插不上话，也没什么看法和意见。"②

　　修房造屋，在中国乡村社会中被认为是人生大事，代表着主人事业的成功或年轻人开始脱离父母的荫庇，自己当家立业。那些开发民族旅游的乡镇，通过旅游等方式富裕起来的村民首要大事就是新建或者改建原有的住房。对生活水平提高后的居民来说，改善生活条件，向现代文明靠拢，本属人之常情。少数民族群众对强势文化盲目的心理趋同，我们可以通过组织培训教育等方式加以解决。关键的问题在于：管理部门要指导少数民族群众什么是应该做的？什么是不应该做的？对传统建筑风格的房屋，保留一些重要的文化符号，加以必要的改造与发展，这在国内外都有成功的先例。例如苗乡侗寨，完全可以利用钢筋、水泥造出吊脚楼，盖上小青瓦，外面的建筑材料部分保持木质建材，涂上防火材料。改造的房屋既防火防潮，又保持民族本身的建筑特色。否则，任由现代化的汉式建筑在民族社区的四处耸立将严重破坏苗乡侗寨建筑整体的美观；反之，坚持用杉木修建房屋，成本高且特别怕火。此外，某些民族服饰也存在着比较明显的与现代生活相矛盾的一面，某些民族服饰春夏秋冬的衣服都是一个样，冬不能保暖，夏不能散热，缺乏实用性，当然也是可以适当改革的。总之，在旅游开发背景下民族文化不断发生变异，其中利弊参半，孰优孰劣，不能一概而论。

---

① 报道人：荔波水利大寨 WGL，地点：水利大寨，访谈时间：2013 年 7 月 11 日。
② 报道人：荔波水利大寨 WZB，地点：水利大寨，访谈时间：2013 年 7 月 12 日。

第三节　民族文化复兴

近年来，在社会主义市场经济大潮的影响下，通过地方政府的主导，控拜苗寨、水利大寨、大利侗寨、陇嘎村、阿尔村不断与外界交流，展示自身独特的民族文化。频繁的对外交流和旅游文化节的举办，给予少数民族群众充分展示自己文化的机会，使他们发现了本民族文化的价值，从而增强了文化自信心。随着文化自信心的增强、主体意识的觉醒，他们又会重新认识和发现自己的民族文化，形成自己的文化自觉，主动选择他们自己认为有价值的文化加以展示，进而传承和发展本民族的优秀文化。

在田野调查中，笔者深刻地感受到村民对"原生态"文化的坚守。"外面的人劝我们改，我们是不会乱改的，这是我们老祖宗留下来的。除非是上面政府让我们动，我们觉得好才会去做。"[①] 荔波水利大寨吴某某正在准备砖瓦、木料，由政府出钱请来的师傅在他家住宅进行测量并且拆除需要改造的吊脚楼，"反正是政府出钱来搞的免费维修，错过就没有这种好事了。即使以后没有人来旅游，反正自己也是要住的嘛，修了还是新一些"。[②] 政府在水利大寨进行房屋改造时的选择具有明显的旅游开发目的。

首先，选择改造吊脚楼住户都是入寨门到卯文化中心的沿线线路，这是为今后民族旅游发展起来以后开办农家乐做准备。

其次，这些被选择改造的家庭，经济状况都比较好，他们有能力承担除了政府投资外部装修以后自费性质的那部分室内改造费用。荔波水利大寨吴某某家庭收入就是村里的中上水平。

最后，吊脚楼的改造只是对其中的一边厢房进行改造，改造后原来的房间被分为小的单间以备今后食宿之用。对于这种改造，也

①　报道人：控拜银匠协会龙太阳，地点：控拜村，访谈时间：2012 年 11 月 15 日。
②　报道人：荔波水利大寨 WSG，地点：水利大寨，访谈时间：2013 年 12 月 26 日。

有一些村民不理解，持反对的态度，"每年国家划拨的这种钱也不少，但就是没得哪样实质性的发展。现在我家里在修吊脚楼，政府出钱出工，也是面子工程"。① 由于民居改造才刚开始，当地的民族旅游产业尚未发展起来，村民的收入差异尚未显现，因此在村民中间并没有产生太大的矛盾。一位家在靠近邛文化中心路边，但在2012 年自己出钱进行了吊脚楼改造的村民吴某某谈到此事时颇有点遗憾："自己搞装修花了十多万块钱，我家里应该也符合政府改造的标准，早晓得晚点搞就好了，免费的呢，只是自己的机会不好。……没有觉得有哪样不公平的，即使政府不出钱，自己想改还是要改的。"② 对于这种先知先觉的农户，是否考虑进行一定的经济补偿，奖励"先进"户，以免让"后进"户享福，挫伤社区精英分子带头"吃螃蟹"的积极性，也是旅游预开发地区的地方政府需要解决的一个难题。

　　黔东南州榕江县政府选择大利村进行投资开发是看中了它独具特色的侗族文化资源，希望进一步发掘它的侗歌文化价值。该村国家级侗歌传承人就有好几位，据说十多年前从江小黄村歌手都是跨县过来和他们的歌师学歌的。村民们在这种开发中感受到侗歌文化价值被认同的自豪，从而激励他们去思考自己文化的价值所在，探寻文化的来历、文化的特色、文化的形成过程，确定自己文化的位置，希望在文化变迁发展中能够自主地决定其衍变发展的方向。从榕江大利村情况来看，旅游开发提升了村民的社会地位，出去无论走亲访友，还是找对象都引来周边村民羡慕的眼光。他们也认识到了侗族传统文化的价值，无形中强化了大利村民的自我文化认同，产生了保护、传承和发展侗歌的强烈愿望，民族文化的价值被重新整合。

　　综上所述，民族旅游开发带来的一种正面的可能性就是民族文

---

① 报道人：荔波水利大寨 WYH，地点：水利大寨，访谈时间：2012 年 2 月 27 日。
② 报道人：荔波水利大寨村民 WXY，地点：水利大寨，访谈时间：2012 年 8 月 10日。

化的复兴，如何做到让优秀的民族文化在旅游开发的同时得到复兴呢？通过对多个田野点的调研，笔者认为至少有三点是必须做到的：

首先，分析当地少数民族群众对民族文化旅游与民族传统文化保护，以及旅游进入后造成的各方面变化的想法；总结分析游客对村寨民族旅游开发现状的看法，利用游客旁观者清、见多识广的优势，找出民族文化参与旅游开发的积极因素和消极因素，有效地利用积极因素，摒弃消极因素，为提高民族文化在旅游中的地位及引起民族文化保护的重视提供理论支持。

其次，提高民族旅游产品的质量和吸引力，保护民族传统文化，加强少数民族群众的文化认同感，为延长民族旅游的生命周期提供理论基础，做到发展旅游和弘扬民族文化齐头并进。

最后，做到举一反三，为类似的民族地区旅游目的地开发的同时如何做好保护传统文化提供借鉴，为发展民族旅游和弘扬民族传统文化提供很好的参考模板。

第六章 结论

许多民族村寨是"名声在外","开而不发",其所蕴含的民族文化是"盛名之下,其实难副"。造成这种状况的原因在于民族文化旅游开发中政府、旅游开发商、社区居民、民族文化爱好者、学者、非政府组织旅游者等力量未能形成互动,政府一方的力量过于强势,影响了旅游开发的方向,削弱了民族文化保护的力度。民族村寨如果在开发初期做好科学规划,处理好旅游开发和文化保护的关系,并在实践中把握好旅游开发的"度",旅游就能成为促进民族文化保护和优秀民族文化复兴的有效方式;反之,某些民族旅游村寨盲目的、欠规划的旅游开发已导致民族文化发生异化。在笔者田野调查的民族村寨中,一些濒临灭绝或本已消失的苗族文化、侗族文化、羌族文化、水族文化在旅游开发的背景下被重新发现其价值,如传统的服饰、建筑、刺绣、芦笙、铜鼓、民歌等,因游客的需要而得到了更多的重视和更好的保护。只要在民族旅游开发过程中不使这些民族事象过分地丧失其特有的文化意涵,民族旅游开发和民族文化保护"双赢"的可持续发展局面将继续下去。本书以中国西南的五个旅游预开发民族村寨为田野点,以五个民族村寨周边一些开发较为成熟的民族村寨出现的相关问题为佐证材料,总结出民族旅游预开发地区的文化保护预警需要关注五个方面的问题:

其一,民族旅游开发中,要充分认识到各级政府尤其是市县一级的地方政府的积极主导作用,同时要注意集思广益,吸收各种社会力量共同参与到决策参考中。

根据中国目前的国情,地方政府往往凭借其强大的行政力量,成为推动民族旅游发展的主导性力量,有关旅游发展规划、旅游产品建设和旅游宣传推介都是由政府主导完成，其角色和作用是其他任何组织和个人都无法替代的。要发挥其积极主导作用，同时鼓励各种社会力量的共同参与。民族文化的爱好者、学者、非政府组织是社区外的参与力量，他们是可以对政府、旅游开发商施加影响的重要力量。他们可以为政府的民族旅游开发提供具体的改进措施和方案，通过对民族旅游开发效果的评估，指导政府对实施的政策和方案进行修正。当然，民族文化的爱好者作为本民族文化的专家，既是民族文化重要的传承者，又是民族文化未来发展的重要设计者。学者和非政府组织还可以成为村民利益的代言人，文化发展的指导者，起到对外与政府沟通交流、对内进行旅游文化开发指导的作用，从而在政府与村民间架起沟通的桥梁。因此，需要民族文化爱好者、学者和非政府组织有效参与到民族文化旅游开发工作中。在旅游开发的力量中，政府、旅游开发商、社区居民、民族文化爱好者、学者、非政府组织都是重要的组成部分，需要充分考虑各种力量对旅游开发及民族文化变迁的影响。

其二，通过各种方式树立、宣扬民族文化"发展式"的保护观。

中华民族多元一体的文化是千百年来不断发展的结果，不能对民族文化采取"冷冻式"的保护，而应该采取"发展式"的保护。民族旅游学研究专家宗晓莲就主张："文化本身是一个发展的概念，是适应人们的需要存在、变迁的。不可能为了所谓'原汁原味'、'本真性'，甚至在所谓的'保护'名义下，要求人们生活中活生生的一部分文化静止、凝固。"① 在民族文化保护实践中，有两种倾向是不足取的：一种是地方政府急于打造"特色"的少数民族文化，将一些文化事象从甲地照搬到乙地，构建文化大繁荣、大发展的假象。另一种是觉得民族文化对游客具有吸引力就要求文化静止、固化，将民族文化"冻结"起来。问题的关键不在于变与不变，而在

———————————

① 宗晓莲：《旅游开发与文化变迁——以云南省丽江县纳西族文化为例》，中国旅游出版社 2006 年版，第 207 页。

于谁在决定这种变化，是文化主体的自我主动的选择还是外来力量的强力干预。在民族旅游发展的探索实践中，需要找到旅游开发与现代文化发展之间的平衡点，让民族文化在旅游发展中主动地去面对挑战，实现发展中的民族文化保护。

其三，民族旅游开发与民族文化保护的协调发展是政府在旅游规划发展中考虑的首要问题。

目前民族旅游地区普遍存在的现状是：提及民族文化保护的方针时，决策者一般都会在文本中信誓旦旦地强调要"保护为主、抢救第一、合理利用、继承发展"等，但具体政策的实施中往往追求经济效益至上，也就是"文化搭台、经济唱戏"，全然不顾旅游地生命周期理论，也就是前文说到的"这问题，那问题，不发展是大问题；发展了有问题也是小问题"。[①] 地方政府作为民族旅游开发的主导者，他们有多快好省地出政绩的考核压力，所关心的是如何从文化中寻找商机，实现地方经济发展。有学者就质疑"保护下开发"措施的可行性，认为"从民族旅游发展的角度看，所谓'保护下开发'的文化战略实际上是使特定的民族、群体永远成为强势群体的'文化赏玩物'……这意味着剥夺了民族文化的发展权利，意味着弱势文化将永远是强势文化的'附属物'，意味着'可持续发展'是在强、弱'定格'的前提下的可持续发展"。[②] 有鉴于此，地方政府必须制定相关政策措施，建立和完善民族文化的自我更新和自我传承机制，在文化保护发展方面承担主体责任。来自经济发达地区，代表经济强势文化的大量游客进入民族旅游开发地区，加剧民族文化的同化进程。在这样尴尬的局面下，民族旅游发展和民族文化保护就成为一个自相矛盾的话题。事实上，地方政府可以根据旅游发展的具体情况，采取一些措施来达到民族旅游经济发展与民族文化保护"双赢"的效果，这一理念已被国内外一些民族旅游地区的发展实践证实是可行的。

---

① 2012 年 2 月 28 日笔者在贵州榕江县城所见。
② 李伟：《民族旅游地文化变迁与发展研究》，民族出版社 2005 年版，第 208 页。

其四，少数民族群众是民族文化得以保护和弘扬的关键，民族旅游的开发管理者在发展旅游的同时，应当给予当地少数民族群众充分的参与空间和合理的经济利益。

只有少数民族群众以本民族文化为荣，拥有并不断加强民族自尊心和自信心，他们才会积极主动地去传承本民族文化，主动地作为民族文化的承载体和主体去延续本民族的服饰、风俗、饮食、艺术、建筑等文化。目前，作为一个发展中国家，面对数量庞大的各式各样民族文化，中国政府在民族文化保护资金投入上心有余而力不足，只能以点带面，保护世界级、国家级、省级的文化遗产，所以说通过民族旅游发展来促进民族文化保护更符合实际的国情、省情、乡情、村情。在民族旅游发展过程中，要让少数民族群众从旅游发展中获得合理的经济利益，激发作为活的旅游吸引物的少数民族群众去延续和弘扬民族文化的积极性，民族文化保护发展真正的良性循环才能切实运行。

其五，民族文化旅游开发中，地方政府和旅游开发商要贯彻落实社区参与理念，牢牢记住民族村寨的原住民才是文化的主体。

伴随着民族村寨的旅游开发，村民们感受到了民族文化的重要价值，有了一定的民族自豪感。一方面，虽然政府旅游开发规划是以村落为单位进行的，但大部分村民从头到尾都不能真正地参与其中，拥有自己的话语权。即使是乡村精英如寨老和族长，他们也未能有效地表达自己的意见，或者是因为见识、水平等原因未能提出有效意见，这便形成了村民对地方政府主导下旅游开发的不认可。反之，许多地方政府的官员认为村民都是一帮"愚民"，不理解、不支持他们的"开发"大计，在前期的征地等问题上处处与他们作对。这就需要党委政府树立正确的施政理念，落实"全心全意为人民服务"的理念，必要时出资让乡村精英外出培训学习，开阔他们的视野，以便他们能够给自己民族村寨的发展提供更多更有效的意见和建议。另一方面，村民未能自发形成高效运作的组织机构，村委会往往在开发之初，因征地等经济纠纷代表地方政府和开发商对村民做思想工作，施加压力，早已失去村民的信任，成为不能代表村民利益的合法不合理的摆设机构。在面对政府的强势力量时，弱势的村民无法与之相抗衡。政府虽然开发了这些民族村寨，但主要是借民族村寨之名，打民族文化之牌，行经济利益之实，获利主体是旅游开发商和政府的景区管委会，普通村民在民族文化旅游开发中获益不多，希望借民族文化旅游提高生活水平的愿望未能实现，这在一定程度上打击了村民保护和弘扬民族文化的积极性。

附　录

预警原则：民族村寨旅游
预开发的实证研究[*]

20 世纪 90 年代初，国内旅游业方兴未艾。彼时，理论界和实业界大多乐观地认为旅游业是无烟产业、绿色产业和朝阳产业。学者们针对国内东部地区工业化造成的生态环境污染问题到处奔走疾呼，但是对西部旅游业发展造成的文化环境污染、文化生态的破坏问题却重视不够，或者认为无伤大雅，甚至认为可以先把 GDP 搞上去再来关心这个问题。因此，政府相关部门制定的规划、政策，少有针对旅游带来的文化"污染"、文化破坏问题的解决措施。后来，经历了实践的惨痛教训，理论界逐渐意识到旅游业作为一个资源消耗少、环境污染轻的产业，也会有人文环境和自然地理环境的污染、破坏问题，于是，理论界开始重视对旅游带来的文化"污染"、文化破坏问题的研究。然而，大多的研究只是分析民族村寨进行旅游开发后出现的种种现实问题，属于事后研究，对于旅游预开发民族村寨文化保护预警的"双预"问题研究则鲜有涉及。民族村寨的

＊　本文系教育部青年项目"旅游预开发地区的文化保护预警研究——以中国西南五个民族村寨为分析对象"（10YJC850036）系列成果之一。

"双预"问题研究，依旧是理论界的一个盲区。

一　问题的提出

民族村寨的"双预"问题指的是旅游预开发民族村寨的文化保护预警问题。旅游预开发民族村寨，指的是那些列入地方政府旅游开发的日程表，但由于经费没有到位，旅游的"食、住、行、游、购、娱"等缺乏完整配套，尚未被开发的民族村寨。文化保护预警，指的是在民族村寨的传统文化受到外来旅游者冲击之前预先发出警报，从而防范和制止文化庸俗化、低俗化和同化的工作机制。它通过对情报信息的把握运用，起到警示旅游开发主体[①]加强防范工作、增强主动性和针对性的作用。其目的在于超前反馈、及时布置、防患于未然，提前做好充分的准备工作，而不是等到出现问题时才手忙脚乱地喊着解决问题。[②]

目前，关于民族村寨旅游研究的论文达百余篇，大多集中在民族村寨旅游开发的现状、存在的问题、拟采取的对策、旅游开发与文化保护的关系等方面，其中既有宏观的理论研究，也有针对某民族村寨微观的个案研究，但基本上属于"事后诸葛亮"式的研究。当然，这些研究自有其积极的价值与意义。针对旅游预开发民族村寨的文化保护预警问题的研究仅有两篇论文：肖坤冰的《民族旅游预开发区的文化保护预警研究——以四川汶川县阿尔村的羌族传统文化保护为例》一文，以四川汶川县阿尔村的羌族文化旅游开发为案例，根据以往同类型地区旅游开发总结的规律，对民族旅游预开发地区的文化保护问题进行了相关探讨，推测出可能性前兆，以避免或最大限度地降低民族文化可能遭受的破坏，并提出了相应的对策和建议。[③] 张中奎的《民族旅游预开发地区文化保护预警研究的

---

① 旅游开发主体主要指政府部门、旅游企业和当地村民。

② 关于"旅游预开发民族村寨"和"文化保护预警"的界定，笔者在课题申报书里作过说明，课题组成员肖坤冰发表的《民族旅游预开发区的文化保护预警研究——以四川汶川县阿尔村的羌族传统文化保护为例》[《北方民族大学学报》（哲学社会科学版）2012年第3期] 又对此问题进行过阐述。

③ 肖坤冰：《民族旅游预开发区的文化保护预警研究——以四川汶川县阿尔村的羌族传统文化保护为例》，《北方民族大学学报》（哲学社会科学版）2012年第3期。

价值》认为，针对西南民族地区旅游的研究，以往的研究目光主要停留在旅游开发比较成熟地区的民族文化保护问题，但对于旅游预开发地区的民族文化保护预警研究则掉以轻心或者关注不够，而这一领域的研究恰恰具有重要的价值。① 这两篇论文关注的是旅游预开发地区文化保护预警研究的对策和研究价值问题，本文的视角则是选择有代表性的旅游预开发民族村寨进行实证研究，探讨文化保护的若干预警原则。寄希望于民族村寨在今后的旅游开发过程中，遵循这些原则，做"事前诸葛亮"，避免重蹈覆辙，保证民族文化旅游可持续发展。

二 "双预"民族村寨的开发原则

按旅游地生命周期理论②的划分，本文关注的贵州省雷山县控拜村、榕江县大利村和荔波县水利大寨三个民族村寨属于旅游探查阶段，没有特别的旅游设施，只有零散的背包客光顾，其自然和社会环境未因旅游而发生变化；贵州六枝特区陇嘎村、四川汶川县阿尔村则处于旅游探查与参与阶段之间，旅游者有所增加，旅游活动开始变得有组织、有规律，当地人为旅游者提供一些简陋的膳宿设施，地方政府被迫改善设施与交通状况。③ 通过对五个民族村寨的现状分析和预警研究，笔者认为，以旅游地生命周期理论来检验，制定必要的文化保护预警原则势在必行。也就是说，要尽可能地降低旅游开发给旅游地民族文化带来的负面影响，避免旅游地刚经历探查和参与阶段，在发展阶段停留的时间过短，就进入停滞和衰落阶段。

（一）贯彻依法保护的原则

今天我们所看到的任何文化遗产，都是世界上各个民族在漫长

---

① 张中奎：《民族旅游预开发地区文化保护预警研究的价值》，《贵州大学学报》（社会科学版）2014 年第 1 期。

② 旅游周期理论最早于 1980 年由加拿大旅游学家 R. W. 巴特勒提出，他将旅游地的发展过程概括为探查、参与、发展、巩固、停滞和衰落或复苏六个阶段。

③ 肖坤冰：《民族旅游预开发区的文化保护预警研究——以四川汶川县阿尔村的羌族传统文化保护为例》，《北方民族大学学报》（哲学社会科学版）2012 年第 3 期。

历史过程中创造和保留下来的。这些文化遗产不但是各个民族的、各个国家的，而且是我们人类共同的文化财富。因此，我们从文化生态的角度来进行文化遗产保护，必然对各个民族尤其是少数民族的文化遗产保护起到至关重要的影响。中华人民共和国成立以来，党和政府制定了一系列的政策和法规，把保护和发展少数民族文化作为落实民族平等政策的一项重要内容。例如，各民族都有保持或改革本民族风俗习惯的自由；各民族都有使用和发展自己语言文字的自由；各民族都有宗教信仰的自由等。

但是，少数民族文化在经济全球化的背景下正面临着前所未有的生存危机，理论界越来越清醒地认识到，民族文化的保护需要专门的法律作为保障。早在十余年前宋才发就主张，应当尽快制定并出台一部（全国性的）民族民间传统文化保护法，用法律的形式保护优秀的民族民间传统文化遗产。[①] 但直至今天，国内对于如何立法保护少数民族文化的问题仍然众说纷纭、议而不决，并没有取得认识上和理论上的统一，尚未出台有专门针对少数民族文化保护国家层面上的法律法规，只是各省陆续根据自己的具体情况出台了一些地方性的政策法规。

以当下民族旅游开发较为火热的贵州为例，在旅游开发和民族村寨文化保护上基本上还是有法可依的，关键是"有法不依""执法不严""违法不究"。贵州先后出台有《贵州省旅游业管理条例》（2000 年 1 月执行）、《贵州省民族民间文化保护条例》（2003 年 1 月执行）、《贵州省风景名胜区条例》（2007 年 12 月执行）、《黔东南苗族侗族自治州民族文化村寨保护条例》（2008 年 9 月执行）、《贵州省旅游条例》（2012 年 1 月执行）等法律法规，问题在于相关法律法规不统一、不健全、不明确，导致执行难。例如，《贵州省旅游业管理条例》第三十三条规定："旅游经营者应当依法保护

---

① 宋才发：《论民族民间传统文化保护立法的意义》，《中央民族大学学报》（哲学社会科学版）2004 年第 3 期。

旅游资源和环境，严格防治污染。"① 但该条例并未明确如果旅游经营者破坏民族民间文化资源，应当承担什么样的法律责任。相关法律条文的空白与遗漏，导致实际操作中出现旅游开发与民族文化资源破坏同步进行的现象。今后贵州在民族旅游开发与民族文化的保护实践操作中，可根据实际情况新建一些法律法规，或者根据形势发展不断修订完善相关法律法规，真正做到有法可依、有法必依、执法必严、违法必究。

（二）树立民族文化保护风险意识优先的原则

民族旅游理论研究上，有学者对旅游带来的社会文化影响做了专门的研究，但是针对少数民族地区旅游开发带来的社会文化影响研究还存在很大的缺失。旅游规划上，许多民族村寨旅游开发规划文本虽然都有专门的篇幅阐述旅游给该地区可能带来的消极影响，但是这些阐述类似于"万能作文"，家家相似，隔靴搔痒，泛泛而谈，缺乏针对性。

中国广大的西部民族地区，其经济发展长期落后于中国东南沿海地区及本省的汉族地区，其现代化模式属于后发型、外生型和赶超型。这些地区的政府和人民是在认识到自身与外部世界巨大经济文化差距后才开始积极探寻自己的现代化道路的，是在谋发展、谋赶超的强烈意识驱动下进行的民族旅游开发。笔者在田野调查过程中，看到贵州榕江县城汽车站环岛中央矗立着一块巨大的宣传牌，上面写着"这问题，那问题，不发展是大问题；发展了有问题也是小问题"②，较能深刻地反映民族地区发展经济的强烈欲望。对于诸多民族地区而言，实施民族文化旅游成为他们进入现代化独具特色的方式，甚至是唯一的救命稻草。他们想依靠这条发展路径，加速自身的"后发"现代化进程。民族地区一心想发展经济，改善生活的愿望本身并没有错，问题是忽略乃至以牺牲民族文化为代价来发

---

① 《贵州省旅游业管理条例》，1999 年 9 月 25 日贵州省第九届人民代表大会常务委员会第十一次会议通过，自 2000 年 1 月 1 日起施行。法律法规网，htip：//www. 110. com/fagui/law_ 192792. html。

② 2012 年 2 月 28 日笔者在贵州榕江县城所见。

展旅游在思路上是错误的。

在控拜村、大利村、水利大寨、陇嘎村、阿尔村这五个民族村寨，由于游客数量不多，当地人尚未感受到以游客为中心的外来现代文化对本土民族文化的强烈冲击。在陇嘎村，一个普通的家庭一方面从事种植业、养殖业等传统经济活动；另一方面在农闲时还可以外出打短工、跑运输。多元的经济生产方式是村民们在长期的社会经济生产中总结出来的适应环境与规避风险的经验，是一套经过实践证明了行之有效的地方性知识体系。但是，随着整个六枝特区开始制订县域旅游总体规划方案，陇嘎村成为该地区旅游开发重点打造的民族品牌，在国家话语与政府主导的趋势下被动地纳入"长角苗"① 民族旅游的整体开发进程中去的。村民缺乏经营旅游产业的专业知识和巨额资金，在盲目跟风投资的情况下，旅游收入的前景却不明朗。很多村民只想到赚钱，却从来没有意识到旅游是一种高依附性和脆弱性的产业。因此，各级政府部门和专家学者不应单方面宣传旅游开发可能带来的经济收益，也应该让村民们充分意识到旅游行业的高风险性和不稳定性，并鼓励其保留和发展传统的生计方式，从而在市场波动中储备风险转移的能力。

（三）注重旅游开发与文化保护同步互动的原则

对于民族文化来说，旅游是一把"双刃剑"，利弊均有，利是可以产生经济效益，弊是可能破坏民族文化。因此，妥善处理好旅游开发和文化保护的互动关系是首要问题之一。对于民族地区来说，应当力求做到以开发促保护、以保护促开发，实现二者的良性互动。在现实操作中，就是要把握旅游开发的"度"，即民族旅游过程中对民族文化的开发究竟到什么样的程度合适，或者说什么程度的旅游开发能够既使当地人获益又能促进民族文化的保护。诸如此类的问题，实际操作起来确实很困难。为了防止民族文化的开发片面地追求经济利益，需要在保护的前提下进行民族文化的开发，

---

① 这一苗族支系的妇女用一支木制长角以及亡故祖先的头发伴之以黑麻毛线束成发髻，装束极为奇特，被称为"长角苗"。

但不是把民族文化封存起来，装进博物馆，而是进行活态的、发展式的保护，通过继承和应用，使民族文化得以发扬光大。

相当长的时期内，一些旅游开发商利欲熏心、急功近利，对民族文化进行"掠夺式"的开发，而部分少数民族群众在没有意识到民族文化破坏造成的严重后果之前甚至充当"急先锋"和"帮凶"的角色，使许多原生态的民族文化资源遭到严重破坏。例如，部分不良旅游开发商出于商业目的，鼓动一些短视的、急于取得政绩的地方政府官员，置民族文化保护于不顾，对原有民族文化旅游资源进行任意夸张、歪曲乃至无中生有的改造，以此来满足游客对异文化的猎奇心理，赚取昧心钱。榕江县文管所的 MCG 将这种对民族文化任意的包装、建构行为比喻为"上穿西装、打领带，下穿草鞋"①，不伦不类，让人颇感形象。民族地区过度无序的旅游开发，从某种意义上说是以牺牲民族文化特征换取少数人或少数群体的经济利益为代价的。某侗歌传承人无奈地说："政府所做的一些事情对于侗族文化提升、对于我们老百姓没有什么用处，他们的目的是'文化搭台、经济唱戏'，花很多钱去办一些热热闹闹的文化节和晚会，这对于我们侗歌传承人没有什么实际的效果。我们侗歌传承人好多都是经济困难的，没有办法真正地投到里面，平时还要做活养家糊口，真正靠唱歌谋生的少。"②

通过对控拜村、大利村、水利大寨、陇嘎村和阿尔村等民族村寨多次的田野调查发现，仅仅控拜村的龙太阳等少数民族精英具有保护民族文化的意识，问及原因，龙太阳说："我们苗族几千年来文化都保存得很好，绝不能因为搞旅游把民族文化弄丢了。我自己也是被他们（指贵州省文物局及贵州乡土文化社）派到外面学习了才意识到这个问题的，所以牵头搞了这个控拜银匠协会，将我们的

---

① 报道人：贵州榕江县文管所 MCG，地点：榕江县文管所，访谈时间：2012 年 2 月 27 日。

② 报道人：榕江大利村 Y 先生，地点：大利村，访谈时间：2012 年 2 月 20 日。

银饰锻造文化一代代传承下去，并且保证不打造锌铜镀银的'苗银'。"①

（四）坚持"社区参与、社区优先受益"的原则

在民族学人类学的去"文化中心主义"指导思想下，我们通过梳理民族村寨文化变迁的脉络和规律，并引入"民族文化所有权""社区参与""可持续发展"的理念，探讨如何在保证民族文化不被破坏的情况下，保持民族文化旅游可持续发展，以达到让民族村寨传统文化保护与民族地区社会、经济发展相协调的目的。与国家和地方精英阶层主要着眼于精神层面的追求不同，处于社会下层的普通老百姓，民族文化保护的驱动力主要是物质利益，特别是"吹糠见米"的经济收益。民族旅游发展过程中，社区参与式发展的主体是少数民族群众，他们既担负着保护、传承、发展民族文化的重任，又是民族村寨可持续发展的重要保障。但如果少数民族群众连基本的温饱问题都得不到解决，起码的物质生活条件都得不到保障，那么他们就会失去参与民族文化保护行动的积极性。贵州省文物局局长王红光接受记者采访时就谈道："很多人都在外打工，村寨的活力都没有了，传统文化活动空间被打压，农业文明建立起来的制度被迅速地击溃，传统的道德模式行为在快速地消失。我们要推进村寨与农业文明协调发展，相应的自我管理能力应得到增强。重要的是维护村寨的传统文化，要有步骤地进行综合研究，有步骤地推进乡土文化重建。"②

目前的民族旅游开发大都采用政企合作的方式，政府部门掌握资源、旅游企业掌握市场，这种搭配方式极易形成强势集团，忽略旅游地居民的诉求，从而使当地少数民族群众被边缘化，缺乏对旅游开发的话语权、主动权、选择权和控制权。许多民族地区的旅游开发实践表明，如果对民族文化的保护仅局限在上级主管部门、社

①　报道人：控拜村龙太阳（学名龙泽寿），地点：控拜村，访谈时间：2011 年 11 月 20 日。

②　王小梅：《控拜：诉求与选择》，《贵州日报》2009 年 1 月 6 日第 10 版。

会热心人士和乡土精英的单边努力上，而得不到其原生土壤的文化创造者即普通老百姓的大力支持，很难真正实现民族文化保护的目标。在旅游开发的民族地区，必须尊重少数民族群众的意见，保护他们的经济利益，激发他们的民族文化保护意识，唤醒他们的文化自觉，促使他们的民族自豪感得到提升。因此，民族旅游开发的原则之一是坚持"社区参与、社区优先受益"，让当地居民参与旅游开发，并在一定条件下优先保证当地居民的经济利益。

（五）努力打造特色文化品牌的原则

依托民族文化资源来开发的旅游品牌，应该在一定的时空内独具特色，具有相当高的知名度和较强的市场吸引力。对于某一民族旅游地而言，它应该是能形成明显的旅游吸引物，并推动旅游地整体向前发展的旅游品牌。因此，民族文化旅游品牌的发展定位应当注重文化资源的独特性、地域的整体性及区域旅游文化资源的互补性，有序地进行整合，实施整体开发，借助特色旅游文化品牌，推动区域旅游经济的发展。在中国西部民族旅游村寨发展中，许多丰富的民族文化资源未能形成地理标志性的民族文化旅游品牌，原因很多。以苗族银饰为例，张三掏钱去宣传，李四跟着免费受益，或者甲县花钱做广告，乙县不花钱一样受益。长此以往，大家都不愿意掏钱去树立民族文化旅游品牌，这种事就像申报世界自然遗产地一样，需要跨县、跨州乃至跨省的政府间合作，齐心协力才能打造过硬的民族文化旅游品牌。

地方政府在发展民族旅游过程中，需要注意树立民族品牌意识，将民族文化旅游形成产业，反过来促进少数民族的文化遗产保护，打造真正的民族文化旅游品牌村、精品村。

首先，需要筛选确定具有区域特色性资源的民族村寨。例如，控拜村是以银饰打造工艺作为主要的民族旅游特色，被誉为"苗族银匠村"，与附近西江千户苗寨展示苗族文化区别开来；水利大寨是以水族的头"卯"文化作为其文化亮点，与荔波大小七孔自然风光区别开来；大利村是以侗族大歌和古民居建筑文化作为其特色，与周围单纯以侗族文化为特色的民族村寨区别开来；陇嘎村的特色是作为亚洲第一座生态博物馆的落脚点，居住着苗族支系中的"长角苗"，苗族生态博物馆是其最大的旅游亮点。

其次，品牌的开发建设要注意民族村寨点线面结合。每个少数民族在旅游开发的时候应深入挖掘本民族文化的内涵，建设本民族的特色品牌，在省内外乃至世界上树立本民族的品牌形象。

最后，要重视对民族村寨旅游文化商品的品牌建设。以贵州主要旅游纪念品苗银饰物为例，目前市场上尽管有许多品牌商店已经明确保证绝不售假，但部分小商家的店里假货充斥，假货主要是锌铜镀银制作①，导致"苗银"成为假货的代名词，其结果是游客望而止步，只看不买，大家生意都不好，集体成为"苗银"品牌的受害者。

结　语

中国西部地区，尤其是贵州民族村寨旅游开发是伴随着周边省份民族文化旅游的兴起而开始的，这些旅游预开发民族村寨只要总结兄弟民族过去的经验教训，可以少走弯路。振奋人心的是，随着中国西部地区民族旅游魅力的增强，加之东部省份旅游市场日益饱和，更多的社会闲散资金逐渐投向西部民族旅游开发市场。近期就有学者意识到旅游人力资本投资的区域差异，使得我国旅游产业发展极不平衡，必须采取措施实现旅游产业向广大的西部地区转移。②总结过去旅游开发的经验教训，大型旅游开发商清楚地认识到保护好民族文化对旅游可持续发展的重要性，故会更规范、更积极地采取各种措施促进民族文化的保护。面对这种大好形势，西南地区的地方政府部门在旅游开发中也有了更多的选择。贵州镇远古城旅游局郭局长告诉笔者："过去我们是招商，现在我们是选商、择商。那些不愿意花钱投资在我们本地民族文化保护与传承上面，只想赚

---

① 杨文章、杨文斌、龙鼎天：《中国苗族银匠村——控拜》，未刊稿，第41页。
② 王兆峰：《人类资本投资与旅游产业发展的区域差异研究》，《财经理论与实践》2014年第1期。

钱就走人的企业我们会婉拒的。"①

综上所述，旅游预开发民族村寨进行开发过程中，必须遵循上述预警原则，树立文化保护预警意识，依法保护民族文化，注重旅游开发与文化保护同步互动，坚持"社区参与、社区优先受益"，并努力打造特色文化品牌，才能把民族文化旅游做大做强，促进旅游可持续发展。

（原载《财经理论与实践》2015 年第 3 期）

---

① 2013 年 7 月 17 日，笔者在贵州省100 个旅游景区中期检查活动中，对镇远旅游局 GSM 的访谈。

绿色发展理念下民族村寨的未来出路研究

——以贵州黔东南民族村寨为例

1962 年，美国人蕾切尔·卡森发表了《寂静的春天》，对传统工业文明造成的环境破坏做出了破天荒的反思和批评①，引起社会各界对环境保护的关注与重视。1972 年，罗马俱乐部发表了《增长的极限》，对西方国家在工业化过程中严重依赖高消耗、高污染来拉动经济增长的模式提出了严厉的批评。② 20 世纪 90 年代费孝通指出，人类对地球竭泽而渔，使得资源枯竭、生态破坏、环境污染、气候异常……后工业时期必然会产生一个"文化大转型"。在这样的背景下，人类对自己创造的文化有必要进行全面反思，费孝通称之为"文化自觉"。③ "文化自觉"这一论断代表了 20 世纪末中国思想界对人类自我生存状况的学理思考。

一　问题的提出

一提到民族村寨，人们就会联想到文化保护、经济发展、民族旅游等关键词，问题是联想到这些关键词，实际上，不知不觉掉进了近世以来西方工业文明背景下发展主义的话语陷阱。民族村寨为什么需要文化保护呢？因为有文化破坏，否则毋须保护。为什么要发展呢？因为当地人有发展经济，向现代文明靠拢的欲望，同时文化保护需要资金，仅仅靠官方的财政拨款无疑是杯水车薪。政府为什么要发展民族旅游？这还是发展主义的思维在作祟，总觉得发展民族旅游是"文化搭台、经济唱戏"，是拯救那些"贫困"地区的人民，改善"落后"民族地区经济地位的不二法门。发展似乎是当下民族村寨不可避免的趋势，既是外界对民族村寨的希望，也是民

---

① ［美］蕾切尔·卡森：《寂静的春天》，吕瑞兰等译，上海译文出版社 2015 年版。

② ［美］德内拉·梅多斯等：《增长的极限》，李涛等译，机械工业出版社 2013 年版。

③ 费孝通：《论人类学与文化自觉》，华夏出版社 2004 年版。

族村寨的人民自身主动的诉求。既然发展不可避免，那么，民族村寨发展的未来出路在何方？如何才能避免经济发展、文化衰亡的覆辙呢？笔者认为，民族村寨应该基于生态人类学的理念，走绿色发展之路。所谓"生态人类学"就是要致力于人与环境之间复杂关系的研究，探讨人类如何适应塑造其生存环境并伴随此过程形成的相应的社会、政治、经济、文化以及风俗习惯。

2015年10月底刚刚闭幕的中国共产党十八届五中全会特别强调，坚持绿色发展，必须坚定走生产发展、生活富裕、生态良好的文明发展道路，加快建设资源节约型、环境友好型社会，形成人与自然和谐发展现代化建设新格局，推进美丽中国建设，为全球生态安全做出新贡献。① 那么究竟什么是绿色发展呢？综合已有的研究成果，笔者认为，所谓绿色发展是一种生态人类学理念下的人类社会的可持续发展模式，以人为中心的社会经济、政治、文化、生态等领域全面协调互动的过程，是实现人的各种需求，体现人的本质的过程，将人的全面发展作为社会发展的终极目标。

也有学者质疑，绿色发展不就是生态文明的另一种说法吗？不可否认，绿色发展和生态文明确实有诸多关联之处。生态文明是"指人类在物质生产和精神生产的过程中，充分发挥人的主观能动性，按照自然生态系统和社会生态系统运转的客观规律建立起来的人与自然、人与社会的良性运行机制、协调发展的社会文明形式。"② 也就是说，生态文明是追求实现人与自然和谐的一切进步过程和积极成果。生态文明理念主张人类在生产和消费过程中要节约和综合利用自然资源，以有效解决人与自然、人与人之间的矛盾，实现人与自然和谐共生。由此可见，绿色发展与生态文明相辅相成、密不可分，绿色发展是对生态文明理念的进一步深化，是中国环境与发展领域不可逆转的潮流和趋势，是生态环境和文化环境优

① 《十八届五中全会首提"十三五"十字发展理念》，新华网，http://www.chinanews.com/gn/2015/10-29/7596646.shtml，2015年10月29日。

② 李世东、徐程扬：《论生态文明》，《北京林业大学学报》（社会科学版）2003年第2期。

化、经济增长的一条新路径。

目前，学界关注绿色发展/绿色经济的话题，主要集中在两个层面：其一，形而上的宏观理论思考，如《"绿色发展"的哲学探索》①、《绿色发展责任实现路径研究》② 等。其二，形而下的微观实践研究，如《绿色经济》③、《县域绿色经济发展差异化研究》④、《"绿色"的权威及其实践——内蒙古一个生态移民村的社区透视》⑤、《蒙古族"约孙"的生态价值诠释——基于低碳和绿色发展的法理思考》⑥、《绿色旅游发展规划的理论与实践——以四川省成都市郫县友爱乡为实例》⑦、《红色旅游·绿色旅游·彩色旅游》⑧ 等。形而下层面的关注重点集中在转变中国的经济增长方式，侧重城市的绿色经济发展，对乡村的关注侧重在发展绿色旅游，或者挖掘少数民族传统伦理思想中的绿色发展理念。过去总认为城市被污染、被破坏了还有乡村，今天一旦把乡村也污染、破坏了，人类就只有走向毁灭，所以绿色发展应该是城市与乡村二元并重。有鉴于此，本文集中探讨民族村寨未来发展的出路。

二　民族村寨的发展现状及弊端

过去我们谈民族村寨的保护，一般都是大而化之的对策和建议，实际上民族村寨的类型是多种多样的，需要采取的保护策略也各有不同。以贵州黔东南民族村寨为例，当前纳入政府保护视野的民族村寨，大致可分为如下三种类型：

---

① 万志康：《"绿色发展"的哲学探索》，硕士学位论文，扬州大学，2012 年。
② 钟元邦：《绿色发展责任实现路径研究》，硕士学位论文，江西师范大学，2013 年。
③ 张叶、张国云：《绿色经济》，中国林业出版社 2010 年版。
④ 叶敏弦：《县域绿色经济发展差异化研究》，博士学位论文，福建师范大学，2014 年。
⑤ 荀丽丽：《"绿色"的权威及其实践——内蒙古一个生态移民村的社区透视》，硕士学位论文，中央民族大学，2006 年。
⑥ 黄华均：《蒙古族"约孙"的生态价值诠释——基于低碳和绿色发展的法理思考》，《新疆大学学报》（哲学人文社会科学版）2010 年第 4 期。
⑦ 金度欣：《绿色旅游发展规划的理论与实践——以四川省成都市郫县友爱乡为实例》，硕士学位论文，四川大学，2002 年。
⑧ 巫钰程：《红色旅游·绿色旅游·彩色旅游》，《中国经贸》2008 年第 8 期。

类型一，以特色民族文化为卖点的民族旅游型村寨，如雷山西江千户苗寨、从江岜莎苗寨、从江侗歌之乡小黄村、黎平肇兴侗寨等。

类型二，以特色民族手工艺为生计的民族工艺产业型村寨，如锻造银饰的雷山控拜村、编织鸟笼的丹寨卡拉村、古法造纸的丹寨石桥村等。

类型三，风景秀丽，有某种民族文化的一般特征，但无任何特色民族文化也无任何特色民族手工艺的真山真水真文化的民族原生态文化型村寨①，主要是纳入中国传统村落②保护名录的许多民族村寨。

以上三种民族村寨的发展类型的关系大致如图 1 所示。仅雷山县望丰乡，2013 年纳入第二批中国传统村落名录的村寨就有乌迭村、三角田村、公统村③、丰塘村、乌的村、荣防村、乌响村、排肖村 8 个村落。④

类型一和类型二的民族村寨数量有限，类型三的民族村寨数量占大多数。问题是类型三的民族村寨受到前两类民族村寨发展的"启发"，在政府的倡导下也在跃跃欲试地准备投资搞民族旅游开发，会不会由此而加速民族村寨的衰亡呢？中国已经具有成熟发展模式的民族村寨是否为这些"后进"的民族村寨所必须模仿呢？什么样的村寨才是当地少数民族群众所渴望的"绿色村寨"呢？这些

---

① 此概念为笔者的借用，黔东南曾经被世界乡土文化保护基金会列入世界原生态民族文化保护圈之一。有学者对生态旅游、原生态旅游等概念进行过专文讨论，参见彭兆荣、闫玉《论生态旅游、原生态旅游与原旅游》，《西南民族大学学报》（人文社会科学版）2012 年第 1 期。

② 中国传统村落，原名古村落，指村落形成较早，拥有较丰富的文化与自然资源，具有一定历史、文化、科学、艺术、经济、社会价值，应予以保护的村落。在民族地区，传统村落一般同时也是民族村寨，但并不是所有的民族村寨都纳入中国传统村落保护名录。

③ 类型三中雷山县望丰乡公统村，当地政府准备依托省级非物质文化遗产项目代表性传承人苗医王增世，打造苗医苗药文化村，在尚未建成苗医苗药文化村之前，暂时归入第三类民族村寨。

④ 《第二批中国传统村落名录》，《中国建设报》2013 年 11 月 11 日第 3 版。

都是本文关于民族村寨的未来出路研究所关注的内容。

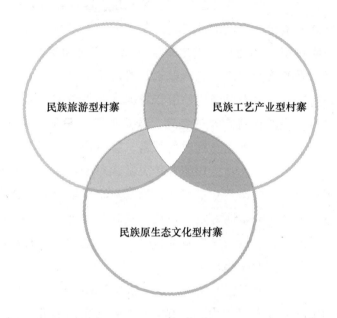

图 1 民族村寨类型

20 世纪 90 年代初，国内旅游业方兴未艾。彼时，理论界和实业界大多乐观地认为旅游是无烟产业、绿色产业和朝阳产业。后来，经历了实践的惨痛教训，理论界逐渐意识到旅游业作为一个资源消耗少、环境污染轻的产业，也存在着人文环境和自然地理环境的污染、破坏问题，于是，理论界开始重视对旅游带来的文化"污染"、文化破坏问题的研究。[①] 经过十余年的发展，第一类民族村寨如西江千户苗寨、肇兴侗寨已经由民族旅游，变成旅游的民族[②]，人们更多感慨的是世风日下，人心不古。2010 年雷山西江苗族鼓藏节前一周，由于诸多矛盾的汇集和利益纠葛，差点发生村民罢免鼓

---

① 张中奎：《预警原则：民族村寨旅游预开发的实证研究》，《财经理论与实践》2015 年第 3 期。

② 徐新建：《开发中国："民族旅游"与"旅游民族"的形成与影响——以穿青人等为案例的评述》，《西南民族学院学报》（哲学社会科学版）2000 年第 7 期。

藏头的事件，好在经各级政府积极协调处理，终于平安过完鼓藏节。此外，因为门票收益分配等矛盾的积压，西江还发生过几次大规模的群众围堵景区大门的冲突。每年到五一、十一黄金周，知名度高的民族村寨人满为患，进出车辆拥堵，宾馆和餐饮价格暴涨，游客也因为服务质量的降低怨声载道，投诉率上升。而知名度高的民族村寨周边一些名不见经传的民族村寨，却是游客和接待户之间消息不对称，旅游接待户坐守空屋，唉声叹气，只能羡慕嫉妒恨。究其原因，主要是缺乏信息沟通的平台，接待户揽不到游客，不敢事先采购菜品；凭借大众传媒的宣传，游客对于贵州民族村寨旅游点，大部分局限于苗寨只知道西江，侗寨只晓得肇兴。自驾车游一族，带着一家老小或亲朋好友，怕找不到吃住的地方，怕遭遇高价敲诈，投诉无门，一般的民族旅游村寨也不敢乱闯，只有硬着头皮堵车前往知名度高的民族村寨。

对于第二类民族工艺产业型村寨，据笔者的调查，西江控拜村、麻料村的银匠以外出谋生为主，有资金的自己租门面开店，一边当银匠一边当老板，没有资金的凭借银饰锻造手艺受雇于他人，收入都还不错。控拜村里只有银匠协会的龙太阳，在贵州省文物局和相关非政府组织的帮助下，建有控拜银匠村的网站，通过网络销售银饰。丹寨县卡拉村的鸟笼，石桥村的皮纸，除了传统的客商上门采购外，近年来也通过网络将产品销往全国各地。这一类民族村寨大多有发展民族旅游的意向。然而，大多数学者的研究只是分析民族村寨进行旅游开发后出现的种种社会矛盾及问题，而没有静下心来思考这些民族村寨是否都适合发展旅游业这一大前提。对于这些问题，笔者曾经在《预警原则：民族村寨旅游预开发的实证研究》一文中，分析了旅游预开发民族村寨可能会遇到的问题，总结了建立文化保护的若干预警原则。在民族村寨旅游开发过程中，这些原则将有助于民族旅游可持续发展。① 目前，部分民族旅游村寨存在传

---

① 张中奎：《预警原则：民族村寨旅游预开发的实证研究》，《财经理论与实践》2015 年第 3 期。

统手工艺品因供不应求而导致粗制滥造、假冒伪劣盛行的现象，商家还有拉客宰客等问题。究其原因，主要是开发不当和管理不善。许多民族旅游地居民和外来开发商之间的冲突，主要都是因为外来开发商在经济上、文化上把本地少数民族群众边缘化，所以在新的准备旅游开发的民族村寨要注意积极的引导、合理的规划和管理，双方互利共赢，避免类似情况的发生。

　　第三类真山真水真文化的民族原生态文化型村寨，通过各级电视台的宣传、地方政府的鼓动，以及村领导外出参观学习等途径，也在跃跃欲试地准备效仿兄弟村寨，投资搞民族旅游开发。对于诸多民族地区而言，实施民族旅游成为他们进入现代化独具特色的方式，甚至是唯一的救命稻草。他们想依靠这条发展路径，加速自身的"后发"现代化进程。各民族村寨一心想发展经济，改善生活的愿望本身并没有错，问题是以牺牲、破坏民族文化为代价来强推旅游业在发展战略上就是错误的，无异于饮鸩止渴。说得危言耸听一点，旅游业是一种脆弱性、季节性非常强的高风险产业，投资不当还可能因旅游致贫。在榕江大利村等民族村寨，由于游客数量不多，当地人尚未感受到游客带来的外来现代文化对本土民族文化的强烈冲击。当地一个普通的农民家庭一方面从事传统的种植业、养殖业等经济活动；另一方面在忙完插秧、种玉米、收稻谷、收油菜等农事活动之余，还可以外出打零工、做小买卖、跑运输等。多元的混合经济生产方式是村民们在长期的社会经济生产中总结出来的适应生存环境与规避风险的经验，是一套经过社会实践证明了行之有效的地方性知识体系。但是，随着榕江县开始制定县域旅游总体规划方案，大利村成为该县旅游开发重点打造的民族村寨品牌，甚至在村民还没有做好精神准备的情况下，在国家发展话语与榕江县政府主导的趋势下被动地纳入"大利侗寨"民族旅游的整体开发进程中去。土生土长的村民既缺乏经营旅游的相关专业知识，也缺乏投入旅游发展所需的巨额资金。村民们在盲目跟风投资、四处举债、修房建屋，兴致勃勃地迎接、拥抱旅游的情况下，旅游发展的前景却不一定是形势一片大好。很多村民只想着投资之后马上开业赚钱，却从来没有意识到，也没有人提醒他们旅游是一种高依附性、脆弱性的产业。

三　生态人类学视野下构建的绿色村寨

民族村寨绿色发展模式大致可以用图 2 来表示。

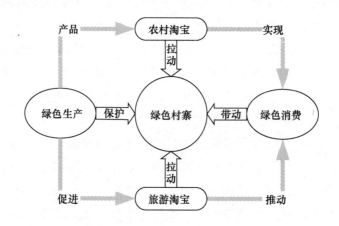

图 2　民族村寨绿色发展模式

现代工业文明的高耗能模式已经给人类生活带来了一系列的负面效应，全球性的资源枯竭和环境恶化促使人类对当下的生产和消费行为模式进行不断的反思。2013 年 9 月，习近平主席在哈萨克斯坦纳扎尔巴耶夫大学回答学生问题时指出："我们既要绿水青山，也要金山银山。宁要绿水青山，不要金山银山，而且绿水青山就是金山银山。"① 2015 年 6 月，习近平主席在视察贵州重要讲话中，叮嘱要守住发展和生态两条底线，培植后发优势，奋力后发赶超，走出一条有别于东部、不同于西部其他省份的发展新路。② 笔者认为，民族村寨的绿色发展之路不能简单地理解为植树造林，保护传承原

---

① 中共中央宣传部编：《习近平总书记系列重要讲话读本》，"八、绿水青山就是金山银山——关于大力推进生态文明建设"，人民出版社 2014 年版。

② 《习近平在贵州调研时强调看清形势适应趋势发挥优势　善于运用辩证思维谋划发展》，新华社，http：//www.gov.cn/xinwen/2015 – 06/18/content_ 2881604.htm，2015 年 6 月 18 日。

生态的民族文化，应该牢固树立绿色理念，倡导绿色生产，引导绿色消费，构建绿色村寨。

（一）倡导绿色生产

绿色生产应该是一种既能满足人类多样性的需求，又能适应市场经济运行规律，还有助于改善自然环境，属于新型的、清洁的、可循环的生产方式。黔东南苗族侗族自治州被联合国教科文组织列入世界"返璞归真、回归自然"十大旅游胜地之一，被世界乡土文化保护基金会列为"世界原生态民族文化保护圈"之一，被专家学者誉为"人类疲惫心灵栖息的家园""民族原生态文化博物馆"。以笔者之见，黔东南大多数真山真水真文化的民族原生态文化型村寨，不宜一窝蜂地打造为民族旅游村寨，走旅游"大跃进"之路。各民族村寨可根据当地的气候、地形、土壤、植被、地质、水源等自然环境的情况，大力发展特色农产品，例如发展鸡、鱼、鸭、猪、牛等养殖业，或者发展杉木、茶叶、烟草、葡萄、药材、核桃、蘑菇等特色种植业，并且鼓励发展农产品深加工产业，增加产品附加值。

同时，民族村寨要抓住阿里巴巴建设农村淘宝的战略机遇。根据该计划，阿里巴巴为了服务农民，创新农业，让农村变得更美好，将建立一系列村级服务站。阿里巴巴将与各地政府深度合作，以电子商务平台为基础，通过搭建市/县与村两级服务网络，充分发挥电子商务优势，突破过去物流、信息流不通畅的"瓶颈"，各取所需，实现"网货下乡"和"农产品进城"的双向流通功能。[①]他们的目标是"五个一"：一个村庄中心点、一条专用网线、一台电脑、一个超大屏幕、一帮经过培训的技术人员。[②]通过农村淘宝，可以解决民族村寨的特色农产品销售无门的难题。

此外，在民族旅游型村寨和民族工艺产业型村寨的游客接待模

---

① 据笔者 2016 年元旦前后在雷山县几个村寨的调查，当地的村主任已经参与县里组织的"农村淘宝"业务培训。

② 王梦：《谁是下一个"阿里巴巴农村淘宝项目"合作伙伴？》，农村网，http://www.nongcun5.com/news/20150212/33598.html。

式上，贵州省旅游局可以发挥组织领导作用，建设贵州民族村寨的旅游淘宝①，具备旅游预订、消费、评价一条龙服务功能。一方面避免游客扎堆，超出民族村寨的接待能力；另一方面也引导绿色消费，鼓励游客选择一些边远的民族村寨作为旅游目的地，享受高质量的民族旅游服务。对民族原生态文化型村寨，也可利用旅游淘宝，同时遵循"住城镇、游生态民俗"的原则，游客回到中心城镇住宿，可以减少对民族村寨的建筑改造，降低对自然环境的破坏，同时也减少村民在旅游上的资金投入，村民进则为商，退则为农，不至于因旅游业发展低迷而致贫。弊端是游客不能全方位地体验少数民族的文化风情，村民也将失去住宿的经济收益，而且民族村寨必须靠近城镇，若是太远当天从民族村寨旅游后返回城镇也不现实。

（二）引导绿色消费

现代工业文明消费模式下，人类被异化，认为拥有金钱就拥有一切，认为生活幸福的主要标志是享乐，导致了人类无限的欲求和有限的自然资源这一对矛盾不断加深。在这种畸形的消费模式下，采用的经济增长方式是大量生产—大量消费—大量废弃，一方面固然极大地促进了经济的增长，另一方面却造成自然资源的大量浪费，从而导致人们的幸福指数急剧下降。人们在闲暇之际，怀着文化朝圣的心态，怀着回归乡土体验少数民族地区真山真水真文化的憧憬，选择到民族村寨旅游。游客的这种旅游活动是以文化差异体验为目标的，与之相悖的是，游客很少被乡土文明所同化，反而是伴随着游客的到来，同质性的现代文明、消费观念等逐步渗透到这些此前"尚未被污染的旅游胜地"，其直接结果是导致乡土文明、少数民族文明为现代文明所吞噬。一方面，游客希望在旅游地体验原汁原味的民族风情，观看未被人工改造的自然环境；另一方面，

---

① 旅游淘宝是笔者的初步构想，应当具备旅游预订、消费、评价一条龙的完整服务功能。一方面可以将小型的民族旅游接待户组织起来，有效地共享资源，与游客进行线上交易；另一方面可以发布各地民族节日、民族活动等信息，节约广告等交易成本，让游客和旅游接待户利益最大化。

大多数游客其实是叶公好龙，在涉及住宿餐饮问题时，并不希望自己和当地少数民族群众一样住在"真实的传统建筑"中，品尝当地的菜肴。

绿色发展倡导绿色生产，那就必然要引导绿色消费，这不但是针对游客的，也是针对村民自己的：

第一，消费内容上，提倡选择未被污染或有利于公众健康的绿色食品。例如，村民在保持民风民俗的前提下，也要适度控制饮酒，禁绝抽烟等不良习惯。游客到民族原生态文化型村寨旅游，可以采购地方特色农产品，通过快捷的物流寄给亲朋好友。

第二，消费过程中，要注意对生活垃圾的处理，尽量减少对环境的污染。例如，村民要养成爱村护村的观念，严于律己，人人动手消灭白色垃圾。同时，游客进村即每人发一个垃圾袋，让他们随时可以收集自己的垃圾。如果是需要购票的民族村寨可以将注意事项印在门票上。

第三，消费观念上，要适时引导人们除了追求生活方便、舒适，还应该注重环保，节约资源，实现可持续消费。接待户对于饮酒和吃饭的酒杯碗筷，要做好消毒处理，告知游客放心使用，最好不用一次性餐具。在绿色消费的理念下，民族村寨的民居改造建设规划，要注重防火，在使用钢筋混凝土建设房屋时注意与村寨整体风貌的协调。建设生态厕所而非冲式厕所，一方面节约资金，另一方面也减少对民族村寨的过度改造，以及对水资源的过度浪费。

（三）构建绿色村寨

人类在一定的自然环境内进行各种生产、社会活动，产生了人与自然、人与社会、自然与社会等错综复杂的关系，从而形成了大小不等的村寨或社区。所谓绿色村寨是指基于提高村民生活质量和改善村寨环境质量的理念来构建的理想的村寨。包括向村民灌输绿色文化的生活理念，引导村民绿色消费，鼓励村民用道德自律革除过去的一些生活陋习，从而实现村民生活方式的变革与村寨经济社会发展的良性互动。

简而言之，建设绿色村寨至少包含三个层面：

第一，建设硬件设施，包括村寨建筑、环境绿化以及如何处理生活垃圾、污水，节约资源的环境保护宣传等设施。加快民族村寨村容寨貌的改造工作是构建绿色村寨的一项重要工作。民族村寨的生态游是一个高质量的文化观光、民俗文化与自然风光和谐的复合型旅游，需要给游客提供一个安全、卫生、舒适、健康的旅游休闲环境。一方面，地方政府需要对民族村寨的村容寨貌进行改造；另一方面，需要对民族文化进行收集、文物整理、保护传统建筑等民族文化资源，修建乡村步行道、寨门、路灯，改造房屋、电网、排水沟等。

第二，建设软件设施，即建立完善的村寨管理体系，搭建村民参与环保的有效平台，让普通村民快乐生活，提高村民的幸福指数。

第三，建设绿色生活，通过举办一系列可持续性的绿色环保活动，让村民创建绿色家庭，选择不破坏环境的绿色生活方式。村寨要长期保持良好的自然环境和人文环境，需要不断改进管理工作，要给予保护环境的先进个人和家庭各种形式的奖励。

结　语

民族村寨的类型多种多样，如果千篇一律地发展民族旅游，那将可能导致严重的文化灾难，既挣不到钱，又丢掉老祖宗传承下来的民族文化。在民族村寨的旅游发展思路上，充分利用发达的网络服务，提供订购消费评价一条龙的旅游淘宝服务。对于民族旅游型村寨，要继续稳健发展，不能一味追求多、大、快、全，以毁灭民族文化来换取经济的发展；对于特色民族工艺产业型村寨，可以在巩固已有的特色民族工艺基础上，适度发展观摩型旅游；对于真山真水真文化的民族原生态文化型村寨，在维持一般性农业生产活动基础上，可因地制宜地发展特色农业，利用农村淘宝平台出售自己的特色农产品。这一类民族村寨，最好不要盲目发展常规性民族旅游，即使发展旅游也要谨慎地论证，主打农业观光体验旅游，组织游客自驾游，民族村寨只能提供游、娱、吃、购，而把提供住宿的服务功能让位于附近基础设施较好的中心城镇。

　　总而言之，民族村寨的未来出路上，要牢固树立绿色文化理念，倡导绿色生产，引导绿色消费，"宁要绿水青山，不要金山银山"，才能构建真正意义上的绿色村寨。

　　（原载《贵州日报》2016 年 4 月 8 日第 14 版，《促进民族地区跨界交流与对话：绿色发展激活文化智慧》，有删节）

民族旅游预开发地区文化保护
预警研究的价值[*]

一 研究背景

西南地区是中国多民族聚居区，民族文化多姿多彩，民族旅游资源极其丰富。时任国家副总理吴仪分管旅游时曾说过："西部旅游'九五'看云南，'十五'看四川，'十一五'、'十二五'看贵州。"[①]这说明在中国旅游业格局创新中，贵州有条件有机遇后起赶超。就民族旅游研究而言，有"热"点，也有"冷"点或者说盲点。那些旅游热线大多是研究者的"热"点，而旅游"冷"线则多数是研究者的"冷"点或者说盲点。就中国西南地区的旅游开发与民族文化保护这一问题，学者以往的研究目光主要停留在旅游开发比较成熟地区的民族文化保护问题。如对云南丽江、香格里拉，四川的洛带古镇、甲居藏寨，贵州的西江千户苗寨、花溪青岩古镇、安顺天龙屯堡等地的关注，在相当长一段时期内是学术研究的热点，对一个旅游点进行研究的硕士学位论文、博士学位论文及各类课题都有若干，零星论文更是不胜枚举。与之形成极大反差的是，对于旅游预开发地区的民族文化保护问题则掉以轻心或者关注不够，更不要奢谈对民族旅游预开发地区的文化保护预警研究。

2012年1月12日，国务院颁布了《关于进一步促进贵州经济社会又好又快发展的若干意见》（以下简称《意见》），明确了贵

＊ 本文系教育部青年项目"旅游预开发地区的文化保护预警研究——以中国西南五个民族村寨为分析对象"（10YJC850036）系列成果之一。

① 杜一力：《贵州旅游业发展对全国旅游业的意义》，新华网贵州频道，http://www.gz.xinhuanet.com/2013-08/21/c_117037169.htm，2013年8月21日。

州的五大战略定位，其中之一是将贵州发展成为文化旅游发展创新区。① 围绕落实《意见》提出的推进"三州"（即黔东南州、黔南州、黔西南州）等民族自治地区加速发展的要求，我们需要着重研究如何从体制机制创新，加大政策支持，增强民族地区自我发展能力等方面，实现"三州"等民族自治地区团结、繁荣、进步。贵州省十二届人大一次会议通过的《政府工作报告》指出，要重点打造100 个旅游景区建设，以"做新做实现代服务业"为目标，以《贵州生态文化旅游创新区产业发展规划》为指导，立足于文化与旅游业深度融合，加强旅游景区品质品牌建设，深入挖掘文化节内涵，打造著名旅游目的地，加强景区旅游基础设施建设，提高旅游景区综合管理能力等重要工作目标，努力把旅游业做特、做优、做强，把贵州省建设成为符合资源禀赋和市场需求的国内一流旅游目的地，提升旅游景区服务质量。加强旅游景区整体包装、对外宣传和市场营销，增强旅游景区知名度和影响力。目前全省项目带动，所布局的 5 个 100 工程，至少有 4 个 100 与旅游直接相关。100 个景区之外，100 个城市综合体、100 个小城镇和 100 个高效农业示范点都将是旅游产业的支撑点，是旅游产业体系的有机组成部分。

针对诸多民族旅游目的地发展不成熟、不完善的特点，笔者认为，对那些亟待开发的民族旅游目的地展开未雨绸缪的文化保护预警研究尤为必要。实施先保护后开发，避免"事后诸葛亮"。

二 研究现状

西南地区民族村寨如此之多，一一进行研究既不现实，也无必要。笔者所提倡的研究对象旅游预开发地区，指的是列入当地政府旅游开发的规划日程，但由于经费没有到位等因素尚未被开发的地区。尽管地方政府尚未修建通村公路、村寨步行道等基础设施，开通当地的旅游班车，当地村民的旅馆、餐馆等旅游接待设施尚未配备，旅游的"食、住、行、游、购、娱"缺乏配套，但由于种种原

---

① 国务院：《关于进一步促进贵州经济社会又好又快发展的若干意见》（国发〔2012〕2 号），2012 年 1 月 12 日。

因，这一类地区已经名声在外。近年来，陆续有外来的政府官员、背包客、不法商人、摄影师、文学采风者、人类学家等以文化猎奇的心态、收购民族产品的经济目的或研究的学术目的闯入。旅游业发展前景可喜，当地政府、村民满怀希望地期待游客给民族村寨带来经济利益，发展地方经济的同时，我们却看到了外来者的涌入给民族村寨文化生态带来的潜在危险。

在此之前，当地村民数百年来几乎过着与世隔绝的生活，没有接待游客、搞旅游业的经验，面对外来者的"入侵"，措手不及，如同没有安装杀毒软件和防火墙就连接互联网的电脑，一不小心就会因为外来"病毒"的闯入而使村寨几百年来淳朴的民风发生剧变，和谐的民族文化遭到破坏。等到学者开始呼吁要高度重视"旅游开发与本地区的民族文化保护"之时，这些地区已经如同病入膏肓的病人，无药可救，重蹈着"经济发展，文化消亡"的覆辙。发展旅游对旅游预开发地区的负面效应表现为以下三个方面：

第一，旅游产品文化内涵挖掘不够，呈现方式单一化、同质化；推出的旅游产品结构单一，没有差异性，缺少集观赏性、娱乐性、参与性、知识性于一体的旅游精品。尤其是民族旅游，贵州基本上是以"拦路酒"、民俗婚嫁仪式表演、侗族大歌表演、集体围着火塘的转转舞等，活动内容大同小异。

第二，村寨视觉污染突出，建设性破坏严重。修建一些与苗侗传统氛围、风格、环境不协调的现代建筑和旅游设施。一些情况严重的村寨，民族村寨间传统格局和风貌甚至有丧失的危险。乃至政府拿出巨资补贴装修，名曰"穿衣戴帽"工程。

第三，商业文化冲击，庸俗文化特征随处可见。旅游热点村寨商铺密布，现代广告招牌、霓虹灯等随处可见，卡拉 OK、KTV 隐身其间，充斥着毫无特色的旅游商品和商贩的叫卖声，严重破坏了村寨原有的古朴典雅氛围。独具民族特色的苗侗民族信仰、祭祀、神秘禁忌文化均有纳入旅游开发的声音。鉴于以上种种问题，我们需要对民族旅游预开发地区进行文化保护的预警研究。

何为"预警"呢？英文称之为"Early – Warning"。此处的预警是指旅游预开发地区在发展旅游业的过程中，民族文化需要提防的危险发生之前，根据以往同类地区旅游开发总结的规律或观测得到的可能性前兆，向相关部门发出紧急信号，报告危险情况，以避免危害在不知情或准备不足的情况下发生，从而最大限度地减少危害所造成的损失的行为。文化保护预警，指的是在传统文化受到冲击之前预先发出警报，从而防范和制止文化流失的工作机制。它通过对情报信息的把握运用，起到警示社会各界加强防范工作，增强主动性和针对性的作用。其目的在于超前反馈、及时布置、防患于未然，提前做好充分的准备工作，而不是等到出现问题时才手忙脚乱地喊着解决问题。

也有的地方政府独具慧眼，在建设旅游景区时注重对文化原真性的保护。例如，黔东南州的《丹寨县石桥旅游景区 2013 年建设实施方案》中就提出了"四项基本原则"：

第一，尊重文化的原则。在对石桥旅游景区内的村寨进行建设和改造时，要坚持按照《黔东南州民族文化村寨保护条例》的规定进行建设，以保护其原有功能和原有风貌免遭破坏。

第二，保护生态的原则。在进行石桥旅游景区建设过程中，注重对植被、水和自然景观的生态保护，确保旅游景区生态环境良好。

第三，突出特色的原则。建设时在建筑风格、景观打造中突出和彰显特色元素，打造特色明显的优秀旅游景区。

第四，坚持规划指导的原则。要切实按照《丹寨县石桥乡村旅游景区详细规划》进行建设，确保布局合理、风格突出。丹寨县这种未雨绸缪的做法，非常值得大力推广。

三　研究价值

中国旅游业两大战略目标是新时期国家对旅游业的要求：一是进一步成为国民经济战略性支柱产业；二是让人民群众更加满意。发挥好旅游业的综合带动作用，为经济、文化、生态和社会和谐文明方面做更有力的支撑，是对旅游业战略性支柱产业目标的检验。就西南地区而言，云南、四川、重庆等省市的旅游开发比较成熟，贵州旅游开发相对较晚。"多彩贵州"启动以来，贵州旅游业发展进入一个新阶段，准备开发和已开发旅游地区的地方政府都跃跃欲试，意欲发展旅游业或扩大已有的旅游业规模。本课题对旅游预开发地区的文化保护预警研究，立足于实证，选择贵州省文物局公布的村落文化景观保护单位雷山县控拜苗寨、榕江县大利村、荔波县水利大寨、锦屏县文斗村和亚洲第一座生态博物馆梭嘎所在地——六枝特区陇嘎村作为研究的田野点。据我们的前期田野调查，这五个田野点都已经被当地旅游部门纳入旅游规划的日程，正在筹集资金修建柏油路、村寨步行道、旅馆、停车场、排污沟渠等基础设施。例如，李天翼等编制的《雷山县"十二五"旅游发展规划》中，"苗族银匠第一村——控拜"正在作为宣传的主题，政府计划在2013—2014年投入1000万元作为基础设施建设经费。《榕江县2011—2020年旅游发展规划》中，重点建设的旅游景区和旅游村寨中就有榕江县大利村，计划总投资是2000万元。笔者田野调查时从地方政府所获的内部资料《荔波县水利水族乡"水族第一卯"文化建设项目申报书》，就预计投资720万元建设荔波县水利大寨的旅游基础设施。

此外，这五个民族村寨都曾经被中央电视台、《贵州电视台》、《贵州日报》、《贵州都市报》、《贵阳晚报》以及日本、中国台湾、中国香港等国家和地区的媒体及各种杂志专题报道过，也各自拥有官方授予的各种荣誉称号，拥有各式各样的"文化资本"。例如，20世纪90年代，控拜村列入贵州省苗族银饰艺术之乡，2006年控拜村为首批国家级非物质文化遗产苗族银饰锻制技艺代表作名录，2008年10月，贵州省文物局将控拜村列为《贵州省村落文化景观保护示范村》和《贵州省村落文化景观保护探索示范点》。贵州榕江大利侗寨被背包客誉为"深山明珠"，成为背包客向往的贵州原生态旅游目的地之一。荔波水利大寨被国家文化部命名为水族文化发展研究基地。亚洲第一座生态博物馆六枝的梭嘎被列入梭嘎民族生态文化旅游创新区，属于贵州省重点建设的100个旅游景区之一，等等。2011年年底，贵州省委十届十二次全会上通过"推动多民族文化大发展大繁荣"的意见，提出未来几年，贵州将实施全省文化遗产保护"百村计划"。目前，贵州省文物局选取作为首批试点的村寨就有榕江大利村、雷山控拜村、锦屏文斗村位列其中。"百村计划"在试点村开展的项目内容主要包括以下八个方面：

（1）景观和建筑保育；

（2）社区组织建设；

（3）文化遗产保护及传承；

（4）传统手工艺提升；

（5）文化产品传播推广；

（6）深度文化旅游；

（7）产业综合发展；

（8）培训及综合管理。

政府积极主动地介入，恰恰说明笔者当下要研究的问题的重要性、必要性和紧迫性。以上种种原因，使这五个民族村寨名声在外，大量游客和研究人员近年纷纷慕名而来。在对旅游预开发地区研究的选点上，他们具有一定的代表性，足以代表西南旅游预开发地区的典型案例。

相对而言，实践层面上，旅游开发在西南广大的贫困地区，特别是民族地区呈现遍地散花的局面。一直以来，西南地区特别是经济极为落后的贵州省各级政府极为重视少数民族贫困地区的经济发展工作，并率先在一批民族文化特色鲜明、开发条件较好的地区，如雷山县西江千户苗寨、雷山县朗德苗寨、黎平县肇兴侗寨、安顺市天龙屯堡、贵阳市花溪青岩古镇等地实施了旅游开发，并取得一定经济效益。然而实践中，由于文化保护预警机制的不足乃至缺失，旅游发展对民族文化造成了较大的负面影响。例如，民族地区传统的文化内涵被同化，民族文化的商品化，民族文化的庸俗化，民族文化价值观的退化与遗失。针对这些负面影响的加剧，有识之士大声疾呼：发展乡村旅游应警惕将当地文化"连根拔起"。①

　　有学者的研究指出，日本的乡村旅游对国内外游客有着特殊的吸引力，这在很大程度上归因于其独特的传统文化。乡村旅游带动了日本各地区经济的发展，强化了地方文化认同，是对传统文化的重构和再创造。不过，一些乡村地区的旅游开发也造成了自然资源的破坏，并使传统文化发生了异化。② 贵州旅游业发展同样存在同质化、文化异化问题，国家旅游局副局长杜一力在《贵州旅游业发展对全国旅游业的意义》讲话中就一针见血地指出："后发地区成功赶超一定是协同发展、错位发展。新兴产业是渐次发展的，各地发展的时序节奏在总体规划中要配合。要特别警惕各地不当竞争的教训，特别警惕城市的雷同，特别不提倡近距离模仿旅游产品……人无我有，人有我特，贵州旅游贵在多彩。"③ 所有这些问题，就需要事先进行研究，总结经验教训，做好详细的规划。就旅游开发与民族地区的文化保护这一问题而言，以往的研究主要关注旅游开发比较成熟地区的民族文化保护问题④，而本课题重点关注相对封闭、相对"落后"、相对冷清的民族旅游预开发地区的文化保护预警问题。

结　语

　　有学者在研究中以贵州省黔东南苗族侗族自治州民族文化资源开发利用过程中存在的问题入手，提出同苗侗村寨区位、地理环境、资源品质及与客源市场相适应的、充分调动各方面积极性的少数民族村保护和发展旅游的项目建设模式、产品类型，强调可持续的发展模式应是建立在自然环境、人文环境的有形遗产、无形遗产

---

　　① 张小军：《甘肃省旅游城市体系研究》，《中国人口·资源与环境》2006 年第 2 期。

　　② 伍乐平等：《乡村旅游与传统文化重构——以日本乡村旅游为例》，《生态经济》2012 年第 5 期。

　　③ 杜一力：《贵州旅游业发展对全国旅游业的意义》，新华网贵州频道，http://www.gz.xinhuanet.com/2013－08/21/c_117037169.htm，2013 年 8 月 21 日。

　　④ 张晓：《关于西江苗寨文化传承保护和旅游开发的思考——兼论文化保护与旅游开发的关系》，《贵州民族研究》2007 年第 3 期。

进行整体保护、原生地保护、居民自己保护和在发展中保护的基础上，把"富民、保护和促进社区发展"有机结合。① 可见，在大力发展贵州旅游业的可喜形势下，做好富有预见性的预警研究，已经成为学界的当务之急，学者面对文化即将可能面临破坏的危险形势，已经不可能置身事外。

　　基于以上分析，本课题选择西南地区旅游开发较晚的贵州省为研究的省份，以贵州境内的旅游预开发地区雷山县控拜苗寨、榕江县大利村、荔波县水利大寨、锦屏县文斗村和六枝特区陇嘎村五个民族村寨作为案例研究的分析对象，研究旅游预开发地区的文化保护预警问题。

　　　　　　［原载《贵州大学学报》（社会科学版）2014 年第 1 期］

---

　　① 白伟岚等：《民族文化资源开发利用及其原真性保护——以黔东南苗族侗族自治州为例》，转引自《风景园林与城市生态学术讨论会论文集》，2008 年。

贵州旅游网站竞争力对比研究*

中国互联网数据研究中心（CNNIC）调查显示，2011年中国在线旅游交易额达1730亿元。预计2012年，旅游行业整体收入将达到24000亿元，在线旅游市场交易额将超过2500亿元。这一数据说明在线旅游市场在旅游业中占有很大的比重，当然，也吸引了许多专家和学者从不同角度嵌入，对旅游网站进行探索和研究。其中沈怡君通过比较中美两国旅游电子商务的发展模式及现状，对贵州旅游电子商务进行了SWTO分析[①]；冯海霞分析了旅游网站核心竞争力的战略意义及建立途径[②]；任伊铭等运用模糊聚类方法得出了旅游网站智能化评估指标体系[③]；石艳霞等结合资源场理论构建了电子商务网站竞争力指标体系[④]；M. C. Roy、O. Dewit 和 B. A. Aubert 的研究显示，界面设计的质量和可用性是赢得用户信任的首要因素[⑤]；M. T. Lu 等基于功能和可用性构建了评估一个网站有效性的评估框架。[⑥]

目前贵州旅游业飞速发展，却没有一个完整的贵州旅游网站竞

---

* 作者：张智勇、张中奎。本文系教育部青年项目"旅游预开发地区的文化保护预警研究——以中国西南五个民族村寨为分析对象"（10YJC850036）系列成果之一。

① 沈怡君：《浅析贵州省旅游电子商务发展现状及对策》，《贵州社会科学》2011年第2期。

② 冯海霞：《我国旅游电子商务网站核心竞争力研究》，《经济论坛》2009年第4期。

③ 任伊铭等：《石家庄市旅游网站智能化评估分析》，《商业研究》2007年第3期。

④ 石艳霞、倪玲、管光扬：《电子商务网站竞争力指标体系研究——基于资源场力的视角》，《图书情报工作》2009年第2期。

⑤ Roy, M. C., Dewit, O., Aubert, B. A., The Impact of Interface Usability on Trust in Web Retailers [J]. *Internet Research*：*Electronic Net Working Applications and Policy*, 2001, 11 (5).

⑥ Lu, M. T., Yeung, W. L., A Frame Work for Effective Commercial Web Application Development [J]. *Internet Research*：*Electronic Net Working Application and Policy*, 1998, 8 (2).

争力评价指标体系，这不仅影响着贵州旅游网站本身的建设，更使贵州省旅游行业相关网站的质量严重滞后。因此，本文以贵州各地州市旅游网站为调查研究对象，结合已有的研究成果，根据其旅游网站建设状况和发展现状，建立了贵州旅游网站竞争力评价指标体系，运用模糊类聚分析法阐述贵州旅游网站存在的问题，总结出贵州旅游网站的核心竞争力情况。

一　贵州旅游网站发展现状

旅游指南针网（www.ly321.com）和中国旅游网（www.c18c.com）的资料显示，截至 2012 年 6 月 1 日，贵州省拥有 89 个旅游网站，其中，政府官方旅游网站 12 个，综合类旅游网站 22 个，旅行社网站 18 个，酒店宾馆类网站 8 个，景区景点网站 16 个，交通运输类网站 4 个，旅游论坛 3 个，教育研究机构网站 6 个。笔者对显示结果中提供的网站链接进行了一一登录调查统计：不能正常登录的网站有 13 个，占调查总体样本容量的 14.61%；能统计出网站设计建设方的 49 个网站中，委托其他企业开发的有 40 个，占81.63%；能正常登录且能统计主页栏目数网站的有 65 个，其主页栏目数平均值为 9.71；没有建设外文版网页的网站有 68 个，占能正常登录网站总数的 89.47%；有在线预订（含酒店、机/车票、线路预订等）功能的网站 29 个，占能正常登录网站总数的 38.16%，有在线支付功能的网站 6 个，占在线预订功能网站总数的 20.6%。以上数据充分说明贵州旅游网站存在较多问题，主要有信息薄弱、技术低下、服务不好、缺乏品牌和市场单一等。

在市场经济快速发展的同时，旅游网站领域的竞争也日趋激烈，如何把握贵州旅游网站发展所呈现的巨大商机，以及如何在旅游网站中提高核心竞争力并取得竞争优势，是目前贵州旅游网站发展迫切需要解决的问题。每一个旅游网站都面临着"自己的网站有没有竞争力？""竞争力在哪里？""竞争力有多强？"等问题。[①] 通过对竞争力的综合评价，

---

① 赵洁、陈敏、张瑞：《C2C 电子商务网站竞争力综合评价研究——以淘宝网为例》，《情报杂志》2010 年第 3 期。

旅游网站可以清楚地知道自己的核心专长及劣势所在，从而在经营发展过程中有针对性地调整业务流程和资源配置，找出核心竞争力。

二　贵州旅游网站竞争力研究方法及评价指标体系

（一）研究方法

模糊集理论是一种用精确的数学语言对模糊性进行描述的方法，是研究分类问题的一种多元统计方法[1]，将模糊集概念运用到聚类分析中便产生了模糊聚类分析。[2] 由于旅游网站竞争力要用多个指标构成的指标体系来加以反映，且对于网站本身来讲，很难以量化的数值来确切表示。同时，旅游网站竞争力的大小，并没有明确的数量界限，即不存在明确的外延。因此，旅游网站竞争力的表现具有一定的模糊不确定性。为了解决上述模糊问题，本文在 Matlab 软件中运用了模糊聚类分析方法。

贵州旅游网站竞争力评价指标体系是许多要素交互作用的结果，不仅要明白其最终合力，而且要明白合力是由哪些力合成。要建立一个贵州旅游网站竞争力评价指标体系，必须构建贵州旅游网站评价体系的层次结构模型。根据旅游网站内容的界定及其分解，将贵州旅游网站竞争力分为三个层次：

（1）总目标，这是最高层次，即最终目的是通过较为全面地分析贵州旅游网站竞争力的影响因素，为提高其竞争力提供综合决策依据；

（2）一级指标层，这一层次是从各个侧面反映贵州旅游网站竞争力的大小，是对总目标层的具体描述和扩展；

（3）二级指标层，这一层次是一级指标层的细化，能够较为全面地反映贵州旅游网站竞争力的各个方面的影响因素。

（二）指标体系

旅游网站竞争力评价指标体系是旅游网站综合评价的基础和关键，通过对目前各种电子商务网站评价方法和旅游业竞争力评价方

---

① 温碧燕、梁明珠：《基于因素分析的区域旅游竞争力评价模型研究》，《旅游学刊》2007 年第 2 期。

② 胡淑礼：《模糊数学及其应用》第一版，四川大学出版社 1994 年版。

法的综合分析①，结合贵州九个地州市旅游网站的特点，将贵州旅游网站竞争力的一级指标确定为信息力、服务力、技术力、品牌力和市场力，然后根据当今旅游网站和竞争力的相关基础理论进行分解细化出二级指标，从而构建出一个适合贵州旅游网站竞争力的评价指标体系（见表1）。

表1 贵州旅游网站竞争力评价指标体系

总目标层	贵州旅游网站竞争力评价指标体系																			
一级指标	信息力（A₁）			服务力（A₂）			技术力（A₃）			品牌力（A₄）			市场力（A₅）							
二级指标	实用性（B_1）	全面性（B_2）	新颖性（B_3）	准确性（B_4）	语言版本（B_5）	交流平台（B_6）	旅游咨询（B_7）	交易服务（B_8）	支付安全（B_9）	网站响应速度（B_{10}）	页面布局效果（B_{11}）	网站的稳定性与安全性（B_{12}）	数据库安全（B_{13}）	网站可见度（B_{14}）	网站影响力（B_{15}）	网站流量（B_{16}）	客户满意度（B_{17}）	目标市场（B_{18}）	市场份额（B_{19}）	市场深度（B_{20}）

三 贵州旅游网站竞争力对比

如前文所言，本研究论及的贵州旅游网站竞争力包括信息力、服务力、技术力、品牌力和市场力五个一级指标，其中每个一级指标又包含若干二级评价指标。

由于网站建设好坏无法量化，为了保障本研究分析结果的科学性和合理性，在评估实施时，将各地州市的旅游网站视为一个整体。本研究采用问卷的形式设计了旅游网站竞争力调查评价表，为了消除评判分值的无标准化和参与调查人员的主观性，经研究将得出的结果按不同分值出现概率的波谷进行不等分区间划分。研究共列出了10个题目，其中，每个题目关联1个地州市，下设5个评价标准（即一级指标），每个评价标准都包含了相关联的二级指标，

① 钟烁娜、吴必虎：《中外国际旅游城市网络旅游信息国际友好度比较研究》，《旅游学刊》2007年第9期。

根据每个网站的实际情况将结果定义为5个等级，即好、较好、中、较差和差；另设1个为个人主观评价题目，目的是从中分析使用者对贵州旅游网站现状的满意度和需求向度。本次调查研究采取网上、网下对不同情景的网络使用者组合调查的方法。前者是采用给网友寄发电子邮件的形式进行调查，后者是针对青年学生和旅游工作者这一特殊群体进行的填表调查。调查时间从2012年2月1日至4月30日，共发出调查问卷500份：其中网上发出200份，回收158份，网下发出300份，回收286份，回收率为87.17%。从回收的有效问卷中整理，结果如表2所示。

表2　　　　　　　　　贵州省各地州市旅游网站竞争力对比

指标	贵阳	遵义	安顺	黔南	黔东南	铜仁	毕节	六盘水	黔西南
信息力	好	较好	中	较差	较好	差	差	差	较好
服务力	较差	中	较差	中	中	较差	中	较差	中
技术力	中	差	差	差	较差	差	差	差	较差
品牌力	较好	中	好	中	较好	较好	较差	较差	中
市场力	好	好	好	较好	好	较好	较好	中	较好

根据得到的模糊数据，要在确定权重的基础上对模糊区间进行量化。经过专家组的讨论和投票表决，确定5项一级指标的权重均为20%，即在贵州省内各地州市旅游网站竞争力及经营活动中体现无差别重要性。将量化同时简化现有数据，将5个等级分别附值，由"好"到"差"的对应关系为从5到1依次递减。

四　贵州旅游网站竞争力研究分析

（一）确定论域

根据模糊数据表2，设论域集∪，

$$\cup = [\,Cmn\,] = \begin{bmatrix} 5 & 4 & 3 & 2 & 4 & 1 & 1 & 1 & 4 \\ 2 & 3 & 2 & 3 & 3 & 2 & 3 & 2 & 3 \\ 3 & 1 & 1 & 1 & 2 & 1 & 1 & 1 & 2 \\ 4 & 3 & 5 & 3 & 4 & 4 & 2 & 2 & 3 \\ 5 & 5 & 5 & 4 & 5 & 4 & 4 & 3 & 4 \end{bmatrix}$$

（$m = 1$，2，3，4，5；$n = 1$，2，…，9）

（二）确定模糊相似关系矩阵

本研究采用绝对值减数法建立模糊相似关系矩阵 R 和确定相似性统计量 r_{ij}，即：

$$r_{ij} = \begin{cases} 1 & \Leftrightarrow i = j \\ 1 - c \sum_{k=1}^{m} |x_{ik} - x_{jk}| & \Leftrightarrow i \neq j \end{cases}$$

（$i = 1$，2，…，9；$j = 1$，2，…，9；$m = 5$）

为方便计算，c 取适当数值为 0.1。经计算并用 W_1 至 W_9 表示矩阵内各行所对应各地州市为单位的旅游网站，建立如下模糊关系矩阵：

$$R = \begin{bmatrix} 1.0 & 0.8 & 0.8 & 0.6 & 0.8 & 0.6 & 0.5 & 0.6 & 0.8 \\ 0.8 & 1.0 & 0.8 & 0.8 & 1.0 & 0.6 & 0.7 & 0.6 & 1.0 \\ 0.8 & 0.8 & 1.0 & 0.8 & 0.8 & 0.8 & 0.7 & 0.8 & 0.8 \\ 0.6 & 0.8 & 0.8 & 1.0 & 0.8 & 0.8 & 0.9 & 0.8 & 0.8 \\ 0.8 & 1.0 & 0.8 & 0.8 & 1.0 & 0.6 & 0.7 & 0.6 & 1.0 \\ 0.6 & 0.6 & 0.8 & 0.8 & 0.6 & 1.0 & 0.9 & 1.0 & 0.6 \\ 0.5 & 0.7 & 0.7 & 0.9 & 0.7 & 0.9 & 1.0 & 0.9 & 0.7 \\ 0.6 & 0.6 & 0.8 & 0.8 & 0.6 & 1.0 & 0.9 & 1.0 & 0.6 \\ 0.8 & 1.0 & 0.8 & 0.8 & 1.0 & 0.6 & 0.7 & 0.6 & 1.0 \end{bmatrix} \begin{matrix} W_1 \\ W_2 \\ W_3 \\ W_4 \\ W_5 \\ W_6 \\ W_7 \\ W_8 \\ W_9 \end{matrix}$$

模糊相似关系 R 一定满足自反性和对称性，但一般而言，它并不一定满足传递性，也就是说，它并不一定是模糊等价关系。为了进行聚类分析，必须采用传递闭包的方法将模糊相似性关系 R 改造成模糊等价关系 R^*。改造方法是将 R 自乘，即 $R^2 = RoR$；$R^4 =$

$R^2 oR^2 \cdots\cdots$

当存在自然数 k，使 $R^{2k} = R^k oR^k = R^k$ 时，$R^* = R^k$ 便是一个模糊等价关系了。经计算：

$$R^8 = R^4 oR^4 = R^4 = R^* = \begin{bmatrix} 1.0 & 0.2 & 0.2 & 0 & 0.2 & 0 & 0 & 0 & 0.2 \\ 0.2 & 1.0 & 0.2 & 0.2 & 1.0 & 0 & 0.1 & 0 & 1.0 \\ 0.2 & 0.2 & 1.0 & 0.2 & 0.2 & 0.2 & 0.1 & 0.2 & 0.2 \\ 0 & 0.2 & 0.2 & 1.0 & 0.2 & 0.2 & 0.4 & 0.2 & 0.2 \\ 0.2 & 1.0 & 0.2 & 0.2 & 1.0 & 0 & 0.1 & 0 & 1.0 \\ 0 & 0 & 0.2 & 0.2 & 0 & 1.0 & 0.4 & 1.0 & 0 \\ 0 & 0 & 0 & 0.4 & 0 & 0.4 & 1.0 & 0.4 & 0 \\ 0 & 0 & 0 & 0.2 & 0 & 1.0 & 0.4 & 1.0 & 0 \\ 0.2 & 1.0 & 0.2 & 0.2 & 1.0 & 0 & 0.1 & 0 & 1.0 \end{bmatrix}$$

根据模糊等价关系 R^* 在不同截集水平下进行聚类，得到以下结果：

（1）取 $\lambda = 1$，0.4，0.2，0.1 时，W_2、W_5、W_9 聚为一类，W_6、W_8 聚为一类，其余各自成一体。

（2）取 $\lambda = 0$ 时所有网站均聚为一类。

$\lambda = 0$

$\lambda = 1$，0.4，0.2，0.1

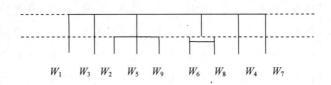

$W_1 \quad W_3 \quad W_2 \quad W_5 \quad W_9 \quad W_6 \quad W_8 \quad W_4 \quad W_7$

图2　基于模糊等价关系的贵州旅游网站聚类谱系

如图2所示，在过程竞争力中，贵阳旅游网站总评较好。由于是省会城市，相对于各地州市有着更丰富的技术、信息资源，伴随着省会城市社会、经济、文化的发展，使其竞争力走在贵州省各地州市的前列。遵义旅游网、兴义旅游网、凯里旅游网属于比较平均型，都充分发挥着自身的优势资源。安顺旅游网、都匀旅游网、毕节旅游网、铜仁旅游网、六盘水旅游网总体较差，在竞争力中处于劣势，在今后的发展中，其竞争力有着很大的提升空间。由此可见，贵州省各地州市（除贵阳外）旅游网站在竞争力中表现不尽如人意，因此提高贵州旅游网站的信息力、服务力、技术力、品牌力和市场力等方面效益水平是以后的重点努力方向。

（三）竞争力分析

多功能性的旅游网站是其具备核心竞争力的关键。刺激旅游在线市场需求和建立完善的旅游网站来提升整个贵州旅游网站的核心竞争力迫在眉睫。根据评价指标及模糊聚类分析结果可以得到贵州旅游网站竞争力综合水平状况的结论：

第一，贵州省10%的旅游网站竞争力程度较高，主要体现在信息力上。贵阳的综合评价值略领先于其他8个地州市，作为贵州省旅游业竞争力的"领头羊"，它所担负的责任重大。

第二，贵州省30%的旅游网站竞争力发展不均衡，主要表现在品牌力和市场力方面，竞争力状况相对来说较弱，但却是带动和提升贵州旅游网站整体水平的中坚力量。

第三，贵州省60%的旅游网站竞争力发展亟待提高，这类旅游网站的缺陷主要集中在技术力和服务力方面，两极分化极为严重。

在九个地州市旅游网站研究对象中，以上数据分析充分说明了目前贵州旅游网站竞争力水平处于不均衡、不稳定时期，与高水平、稳健发展的理想目标还有显著的差距。目前虽然我国专业旅游网站类型较多，涉及综合性网站、主营预订网站、宣传性网站以及地方性网站等。但是，良好的竞争力是每个旅游网站发展的努力方向。笔者认为今后贵州旅游网站应该从信息力、服务力、技术力、品牌力和市场力五个方面着手解决，提升网站的竞争力。

五　建议

旅游网站核心竞争力的实质就是旅游网站有效使用生产要素的能力，主要包括信息力、服务力、技术力、品牌力和市场力五个方面。对旅游网站来说，保持长期稳定的核心竞争。优势是获得稳定利润的关键。针对贵州旅游网站的现状，结合本研究对贵州旅游网站竞争力评价体系的分析，现提出以下五点建议供参考。

第一，完善信息功能，打造贵州旅游网站的特色。首先，具备持久竞争力的贵州旅游网站，应当在做好实用性、全面性、准确性和新颖性的基础上，丰富产品的种类、做好个性化的定制、制定吸引力的价格来满足顾客要求。把传统的经营运作通过高科技升华，产生规模效应，并研发出拥有核心技术的高质量、高附加值的旅游产品。其次，贵州旅游网站需要提供个性化的服务，游客可根据自己的旅行嗜好，通过网络自行组合旅游产品，制定出个性化的行程安排，实现旅游线路的个性化定制，满足自己的特殊需求。从而将旅游消费行为变为供应商与旅游者合作，满足其独特需求的过程。①

第二，以服务为中心，提供一体化旅游服务。贵州旅游网站市场服务的发展趋势应将普通服务深入到一体化旅游服务链上，这种一体化的深度服务为旅行消费节省了大量的时间，免去了以往消费者往返于旅行社、景区、购物商场等地办手续的烦琐过程，使得旅游网站服务能得到越来越多在线旅游用户的认可，深度服务的优势成为旅游网站的核心竞争力之一。

第三，建立贵州旅游网站的标准，打造综合服务平台。由于旅游网站是一个新兴领域，旅游网站标准的制定和推行方面非常薄弱，这应是下一阶段的重点。贵州地方政府相关部门和行业协会要一起合作，发挥组织作用，推动全省旅游资源的整合，加快旅游网站的标准化体系的建设。同时，旅游企业、景区、旅行社、酒店、餐饮部门、旅游局、银行、海关、公安等企事业单位之间要建构能实现互联互通的信息系统，结合移动智能网络技术，真正实现以人为中心的旅游网站综合应用平台。

第四，重视品牌影响力，让舆论带动贵州旅游网站的整体发展。国发〔2012〕2号文件提出建立"文化旅游发展创新区"和"努力

---

① 赵萍：《我国旅游网站建立核心竞争力的理论探讨》，《成都教育学院学报》2006年第2期。

把贵州建设成为世界知名、国内一流旅游目的地、休闲度假胜地"的战略目标，这对贵州旅游业而言，是一次实现跨越式发展的契机。强化"多彩贵州"这个强大的品牌，依靠这一品牌的优势肯定能获得游客的肯定和赞誉，并最终赢得忠诚的游客群。

第五，明确贵州旅游业发展的目标市场定位，建立良好的客户关系。为了更好地发挥资源优势和满足客户的个性化需求，贵州各地州市政府、景区、旅行社等部门的旅游网站应结合自身的经营范围、资源优势领域及主要客户群来构建"多彩贵州"旅游网站综合应用平台，做好网上旅游市场的细分，从而把握目标市场。

［原载《生态经济》（学术版）2013 年第 1 期］

调查问卷

所谓旅游预开发地区，指的是列入当地政府旅游开发的规划日程，但由于经费没有到位等因素尚未被开发的地区。尽管地方政府尚未修建公路、步行道等基础设施，开通当地的旅游班车，当地村民的餐馆旅馆等旅游接待设施尚未配备，旅游的"食、住、行、游、购、娱"缺乏配套，但由于种种原因，这一类地区已经名声在外，陆续有外来的政府官员、背包客、摄影师、文学采风者、人类学家等以文化猎奇的心态、收购民族产品的经济目的或研究的目的闯入。旅游业发展前景可喜，当地政府、村民满怀希望地期待游客给民族村寨带来经济利益，发展地方经济的同时，我们却看到了外来者的涌入对民族村寨文化生态带来的潜在危险。在此之前，当地村民数百年来几乎过着与世隔绝的生活，没有接待游客、搞旅游业的经验，面对外来者的"入侵"，措手不及，如同没有安装杀毒软件和防火墙就连接互联网的电脑，一不小心就会因为外来"病毒"的闯入而使村寨几百年来淳朴的民风发生剧变，和谐的民族文化遭到破坏。等到学者开始呼吁"旅游开发与本地区的民族文化保护"之时，这些地区已经如同病入膏肓的病人，无药可救，重蹈着"经济发展，文化消亡"的覆辙，所以我们需要对旅游预开发地区进行民族文化保护的预警研究。

（1）您认为是否所有的民族地区都适宜进行旅游开发？

（2）您认为旅游开发是否能为民族地区带来很好的经济效益？

（3）您认为旅游开发可能给民族地区带来哪些负面影响？

（4）在旅游未全面进入该社区之前，您认为可以预先进行哪些措施以利于今后旅游的展开？

（5）您认为村民参与旅游的程度低主要是受到哪些因素的制约？

（6）您认为可以采取哪些措施提高社区参与程度？

五个田野点区位示意图

（一）雷山县西江镇控拜苗寨区位示意图

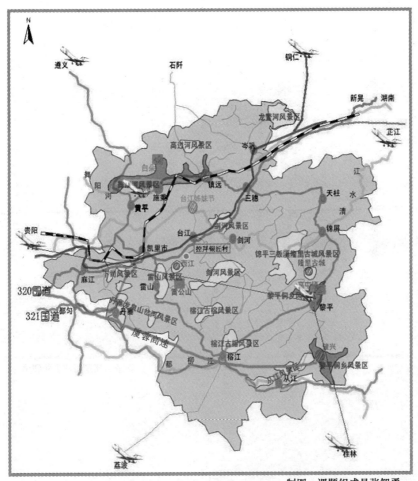

制图：课题组成员张智勇

（二）荔波县水利乡水利大寨村区位示意图

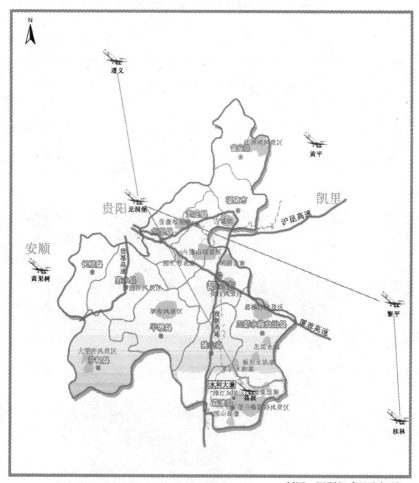

制图：课题组成员张智勇

（三）六枝特区梭嘎乡陇嘎村区位示意图

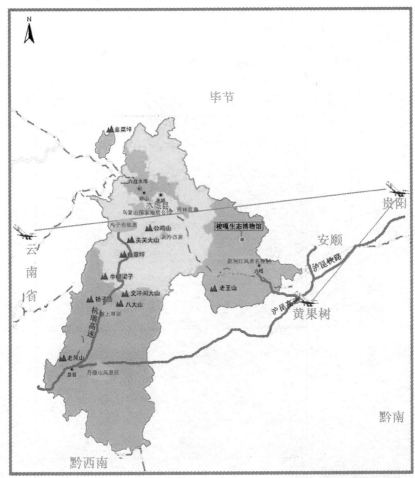

制图：课题组成员张智勇

（四）榕江县栽麻乡大利村区位示意图

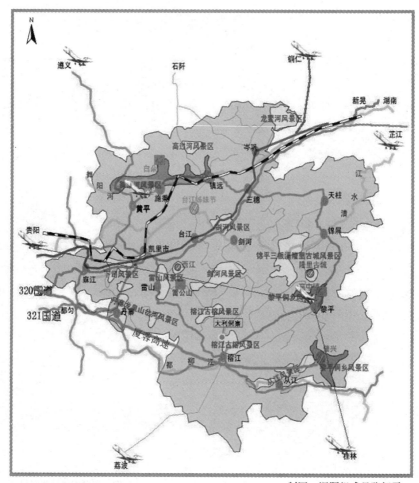

制图：课题组成员张智勇

（五）汶川县龙溪乡阿尔村区位示意图

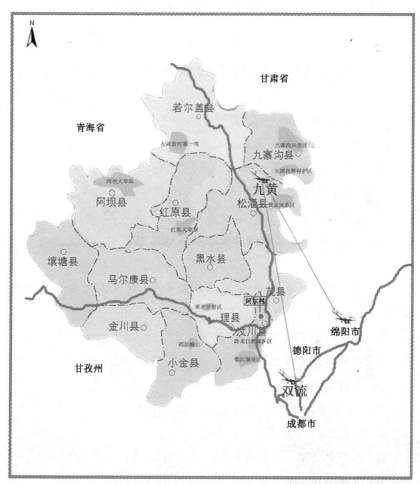

制图：课题组成员张智勇

《控拜银匠协会会员章程》

一　银匠协会会员分为管理层、代表层和成员层三层结构

1. 管理层的产生

A. 所有成员选票最高者

B. 对本协会贡献最大者

C. 对本协会工作最积极者

D. 分数每年达 10 分以上者（协会成员最高 12 分）

具备以上条件者有权进入管理层候选名单。

2. 代表层的产生

A. 所有成员选票达 80% 以上或能带动 20 人以上参加本协会，管理层 2/3 以上同意者

B. 对本协会贡献大者

C. 对本协会工作积极者

D. 分数每年达 8 分以上者

具备以上条件者有权进入代表层候选名单。

3. 成员层的产生

A. 填写申请书

B. 得到管理层和代表层 2/3 以上同意者

C. 退会过一次者需填写申请书，3 个月以上考核，需得到管理层、代表层、成员层 80% 同意者，6 个月以后方能成为成员

D. 分数每年 4 分以上者，3 分以下视为自动退会或开除者，不退会费

二　银匠协会考核分：总分 12 分，四等级

1. 好：10—12 分　　2. 较好：8—9 分

3. 一般：4—7 分　　4. 差：3 分以下

三　银匠协会扣分的基本情况

1. 每次开会, 不到会者扣 1 分, 请假得到理事会或 2/3 以上会员同意, 方可请假。

2. 协会举行大型活动如本协会的年会, 每年的银饰文化节、省级领导举办某大型活动等, 不参加者扣 4 分, 请假得到管理层、代表层 2/3 以上同意方可请假。

3. 代表本协会参加其他大型活动故意不去者扣 3 分, 特殊情况除外, 在协会组织的活动中 (或银匠协会参加其他活动), 言行举止对协会及会员不利, 后果自负, 代表本协会参加其他举办的大型活动中谋私利者扣 4 分, 所得利益归协会所有, 并追究法律责任。

4. 打着本协会的会员证在外招摇撞骗者扣 9 分, 一切法律责任和罚款自负与本协会无关。

5. 本协会会员必须坚持白铜就是白铜, 白银就是白银, 绝不能把白铜说成白银, 不管在任何地方都不允许欺骗消费者, 如有消费者提到是本协会会员做的事, 经查实, 开除其会员资格, 不退会费, 一切法律责任和罚款自负, 与本协会无关。终身不得加入本协会。

6. 本协会会员在加工某产品时, 其他会员也在加工该产品应相互商量价格, 但不能等于成本价, 应高出 20%。一旦发现低于 20% 者, 扣 2 分, 交给协会所有成员处理。

7. 本协会开会时, 会上擅自发言者扣 1 分, 要想发言请举手。会后煽动、造谣者扣 2 分, 情节严重者扣 10 分。

8. 在本协会开重要会时, 手机必须关闭或调成振动状态, 违者扣 2 分。

9. 为吸引更多银匠回村, 协会的优先权首先针对在村里加工的会员, 如有本协会会员在外鼓动会员不要回村者, 经查实, 开除会员资格, 不退会费。终身不得加入本协会。

10. 本协会接到的订单, 必须按时完成, 必须是协会的会员加工, 如交给不是本协会会员加工者, 经查实, 罚款该产品的 100% 罚金, 扣 4 分, 对举报者奖励罚款金额的 50%, 协会对举报者身份保密。

四　加入协会的会员享受利益

1. 优先使用控拜网站：www. kbyic. com。

2. 优先使用"控拜银匠"的商标。

3. 优先加工本协会接到的订单。

五　入会自愿，退会自由

1. 加入本协会首先交 100 元会费。

2. 退会须提前申请一个月。必须退会员证，若不退，罚款 300 元。如分数 4 分以上退会费 100 元，如分数 3 分以下不再退会费。

本章程一式两份，会员一份，协会一份，自签字（手印）之日起产生法律效力。

协会（签字盖章）：　　　　　会员（签字手印）：

年　月　日　　　　　　年　月　日

（资料系控拜银匠协会会长龙太阳提供，谨致谢忱）

部分田野调查照片

一　控拜苗寨

控拜银匠协会章程（龙太阳提供）

苗年时银匠向宾客展示打造银饰的手艺
（控拜，2010 年 11 月 21 日，张中奎摄）

二 大利侗寨

大利鼓楼（张智勇摄）

大利："别具一格"的铝合金防盗窗（张中奎摄）

榕江县委县政府的发展口号（张中奎摄）

三 水利大寨

水利大寨鸟瞰图（水利乡蒙兄能乡长提供）

水书广场（张久瑛摄）

卯坡的卯门（张中奎摄）

四　陇嘎村

课题组成员张中奎、安琪与梭嘎表演队合影（张中奎提供）

梭嘎生态博物馆（张中奎摄）

陇嘎村：土洋结合的建筑式样（张中奎摄）

陇嘎村初步的旅游开发迹象（张中奎摄）

摄像师花钱制造的"背水秀"（张中奎摄）

（五）阿尔村

阿尔村的碉楼（肖坤冰摄）

阿尔村承办羌族文化节（肖坤冰摄）

阿尔村的羌族饮食（肖坤冰摄）

《乡村旅游国际论坛贵阳宣言》

由贵州省人民政府、中国国家旅游局、联合国世界旅游组织和世界银行联合举办的"2006 乡村旅游国际论坛"于 2006 年 9 月 5—6 日在贵阳举行。

我们全体参加这次论坛的代表，强烈地关注到：

乡村是人类文明的母本之一，城市是现代文明的发源地，这两者关系的发展构成了人类文明的历史线索。伴随着经济和科技的飞速发展，城市以越来越快的速度成为人类文明的中心，而乡村发展则逐渐滞后并被边缘化。

面对现代化、城市化的浪潮，人类数千年创造和积淀下来的传统文化遗产显得异常脆弱。在各种目的和利益的驱动下，过度的商业开发行为，导致大量乡村物质文化遗产逐渐消失；随着大量农村青年离开乡村涌入城市，大批乡村非物质与口头文化遗产面临着文化断裂和传承的危机。

中国是一个农业大国，57% 是农业人口，绝大部分国土面积属于农村地区。广大农村在中国近几十年经济的高速发展中取得了巨大的成就，谋求农业产业结构调整、农村经济发展和农民增收仍是中国各级政府的工作重点。发展乡村旅游是农村产业结构调整的加速器，是促使农村剩余劳动力实现"离土不离乡"和就地转移的有效途径。乡村旅游作为中国农村经济发展的一种新模式对全球经济欠发达地区都有积极的借鉴意义。

因此，我们达成以下共识：

——乡村旅游作为连接城市和乡村的纽带，实现社会资源和文明成果在城乡之间的共享以及财富的公平分配，从而逐步缩小地区间经济发展差异和城乡差别，推动欠开发、欠发达的乡村地区经济、社会、环境和文化的可持续发展。

——乡村旅游为城市提供了一种生活方式，在乡村却成为一种新的生产方式。乡村旅游使现代文明与传统文明相互交会，并使游客和东道主得以分享彼此的生活。

——我们提倡用尊重的眼光来审视村民的传统文化和传统生活，而不是简单或武断地对他们做出"文化落后"的判断。只有当文化不仅具有科学、艺术和历史价值，而且也具有经济的价值时，才会被人们主动地关注、理解和尊重，才会推动人们自觉地去保护和传承。

——发展乡村旅游的最终目标是促进人类发展，从而实现乡村及村民的生产发展、生活富裕、乡风文明、村容整洁和管理民主，实现人与自然的和谐，人与人的和谐，传统与现代的和谐，农村与城市的和谐。

基于以上共识，我们呼吁：

一、在乡村旅游发展过程中，坚持"以人为本"的基本原则，最大限度地保障游客和东道主双方的权利和利益。作为资源拥有者和文化传承者的村民，应当是乡村旅游发展中的主体和最大受益者，要特别注意保障妇女、老人、儿童、残障人士等乡村弱势群体的权利和利益。

二、在乡村旅游发展过程中，应通过科学、合理的利用，实现资源的保护和文化的传承，特别是对保存良好的自然生态环境和文化遗产的核心资源以及非物质与口头文化遗产和文化生态环境的整体性保护，以求达到可持续发展的要求。

三、在乡村旅游发展过程中，政府应最大限度地整合各类资源，在政策和技术上发挥动员和扶持村民发展乡村旅游的主导作用。

四、在乡村旅游发展过程中，金融机构尤其是政策性金融机构应当将其作为新兴产业予以扶持。

五、在乡村旅游发展过程中，应当充分发挥企业、社会组织、科研机构和专家学者的作用，使之成为乡村旅游产品建设、资源保护、科学研究、教育培训以及市场开发的中坚力量。

六、在乡村旅游发展过程中，应制定和推行有利于提高服务和管理水平的、与市场接轨的、具有可操作性的标准体系；应充分利用信息化、网络化等先进技术和手段，推进乡村旅游的健康发展。

七、在乡村旅游发展过程中，应重视对村民的教育、培训，提升村民文化素质和服务技能，建立支撑乡村旅游持续发展的人力资源保障体系。

八、在乡村旅游发展过程中，应建立和保持不同国家和地区之间持久的交流及合作，分享经验、分享资源和分享市场，并针对不同国家、不同文化背景，制定和实施行之有效的法律法规，使各参与主体的开发和经营行为规范化、法制化，达到"合理利用，持续发展"的要求。

九、在乡村旅游发展过程中，应注重品牌建设，着力打造乡村旅游业态的核心竞争能力。同时，鼓励合理利用民族民间文化遗产，促进以手工艺品为代表的旅游商品的策划、设计、生产和市场推广，加速产业化进程。

十、在乡村旅游发展过程中，应鼓励"工业反哺农业，城市支持乡村"，利用全社会的力量推动农业产业结构调整，注重特色旅游，小城镇和特色经济形态的建设。推动传统农业向特色农业、生态农业和观光农业的转变。

本宣言参考文献如下：

《世界文化自然遗产保护公约》（1972）

《联合国教科文组织保护传统和通俗文化的建议》（1989）

《联合国教科文组织关于文化多样性的全球宣言》（2001）

《文化旅游和扶贫的顺化宣言》（2004）

《开发旅游，促进实现千年发展目标纽约宣言》（2005）

《文化旅游和当地社区发展国际会议日惹宣言》（2006）

《手工艺、旅游以及扶贫的德黑兰宣言》（2006）

《中国国际乡村旅游发展论坛成都宣言》（2006）

《首届国际山地旅游大会贵州宣言》

2015 年 10 月 10 日，首届国际山地旅游大会在贵州兴义召开，来自世界 20 个国家和地区的旅游业界及专家学者就国际背景下的特色化山地旅游发展作了深入研讨，取得具有开创性、前瞻性和引领性成果，达成多项共识并发布《国际山地旅游贵州宣言》（以下简称《宣言》）。

《宣言》指出，山地是重要的地表形态、生态系统、生活空间，也是重要的旅游资源。山地约占全球陆地面积的 25%，世界 75% 的国家拥有山地，山地环境中的自然与人文资源是人类共有的宝贵财富。山地旅游是集观光、休闲、度假、康体、娱乐、教育为一体的现代旅游形式，在全球旅游发展格局中占有重要地位，应共同推动山地旅游健康发展。

《宣言》呼吁，良好的山地生态系统对山地国家和地区的经济、社会与环境的可持续发展有着深刻影响和重要作用。但是，在全球大规模的工业化推动生产力发展、创造物质财富的同时，人与山地环境的和谐友好关系也受到严峻挑战。加强山地环境保护，维系山地生态系统，促进人与自然环境和谐共生、持续发展刻不容缓，我们要像珍惜生命一样珍惜宝贵的山地环境。山地资源的丰富性、多样性为旅游业可持续发展提供了源泉，山地生态的复杂性、脆弱性告诫我们在发展的同时应树立道法自然、尊重自然与自然和谐共生的生态观，在规划、开发、管理等方面，应把对环境的负面影响降到最低程度，通过各种方式提高山地旅游参与者的环境意识。

《宣言》强调，山是我们赖以生存的精神家园、从事各种人类活动的舞台，山地不仅具有特殊的自然地理特征，也包含独特的人类文化遗产，山地旅游应充分挖掘和体现当地的文化、历史、宗教、民族特色。山地是当地人的生产空间和生活空间，山地旅游应该成为脱贫的重要方式，大力促进社区参与，不断改善社区居民生活。政府应制定促进山地旅游发展的相关政策，改善基础设施，提升公共服务，优化旅游产品，让山地旅游既能为民众带来获得感、为游客带来愉悦感，又能让青山常在、绿水长流、生态常美。

《宣言》认为，不同国家和地区应该以平等、包容、合作的精神开展国际交流与合作。各地在山地旅游发展方面积累了丰富经验，应进一步促进国际合作，使国际山地旅游合作平台机制化，形式多样化，共享山地旅游发展经验和商机，共同坚守生态和发展底线，让山地旅游成为保护山水、传承文化、造福民众、推动发展的重要载体。

《宣言》倡议，山地旅游的可持续发展需要有力的智力支撑，需要汇聚政府、商界、学界、媒体、民间及其他各界领导者、参与者开展交流与合作，传播山地旅游先进理念，分享山地旅游成功案例，汇集山地旅游实践经验，促进山地旅游政策完善。贵州是典型的山地省，是山地旅游研究和实践的理想选择，应汇聚推动山地旅游发展的各方力量，助力建设国际一流的山地旅游目的地和休闲度假胜地。

参考文献

一 专著

[1] ［美］爱蒂丝·布朗·魏伊斯：《公平地对待未来人类：国际法、共同遗产与世代间衡平》，汪劲、于方、王鑫海译，法律出版社 2000 年版。

[2] ［美］德内拉·梅多斯等：《增长的极限》，李涛等译，机械工业出版社 2013 年版。

[3] ［美］蕾切尔·卡森：《寂静的春天》，吕瑞兰等译，上海译文出版社 2015 年版。

[4] ［美］瓦伦·L. 史密斯：《东道主与游客——旅游人类学研究》，张晓萍等译，云南大学出版社 2007 年版。

[5] Butler, R. W., The Concept of the Tourist Area Cycle of Evolution: Implications for Management of Resources. Canadian Geogria Pher, 1980, 124 (1)

[6] Dennis A. Pantin, Lessons of Tourism Development in Aruba for Sustainable Tourism Development in Tobago, UNDP.

[7] 包亚明主编：《文化资本与社会炼金术》，上海人民出版社 1997 年版。

[8] 费孝通：《论人类学与文化自觉》，华夏出版社 2004 年版。

[9] 胡淑礼：《模糊数学及其应用》第一版，四川大学出版社 1994 年版。

[10] 李伟：《民族旅游地文化变迁与发展研究》，民族出版社 2005 年版。

[11] 张晓萍主编：《民族旅游的人类学透视》，云南大学出版社

2009 年版。

[12] 彭兆荣：《旅游人类学》，民族出版社 2004 年版。

[13] 施惟达：《云南民族文化概说》，云南大学出版社 2004 年版。

[14] 王筑生编：《人类学与西南民族》，云南大学出版社 1998 年版。

[15] 吴晓萍主编：《民族旅游的社会学研究》，贵州民族出版社 2003 年版。

[16] 徐赣丽：《民俗旅游与民族文化变迁——桂北壮瑶三村考察》，民族出版社 2006 年版。

[17] 杨慧等：《旅游人类学与人类社会》，云南大学出版社 2001 年版。

[18] 张岱年、方克力：《中国文化概论》，北京师范大学出版社 2004 年版。

[19] 张建萍：《生态旅游理论与实践》，中国旅游出版社 2003 年版。

[20] 张叶、张国云：《绿色经济》，中国林业出版社 2010 年版。

[21]《中国都市人类学会文集》，中国民航出版社 1997 年版。

[22] 中共中央宣传部编：《习近平总书记系列重要讲话读本》，人民出版社 2014 年版。

[23] 钟敬文：《民俗文化学发凡》，载《钟敬文文集》民俗学卷，安徽教育出版社 1999 年版。

[24] 朱祥贵：《文化遗产保护法研究——生态法范式的视角》，法律出版社 2007 年版。

[25] 宗晓莲：《旅游开发与文化变迁——以云南省丽江县纳西族文化为例》，中国旅游出版社 2006 年版。

二 期刊论文

[1] Lu, M. T., Yeung, W. L., A Frame Work for Effective Commercial Web Application Development [J]. *Internet Research: Electronic Net Working Application and Policy*, 1998, 8 (2).

[2] Roy, M. C., Dewit, O., Aubert, B. A., The Impact of Inter-

face Usability on Trust in Web Retailers［J］. *Internet Research*：*Electronic Net Working Applications and Policy*，2001，11（5）.

［3］ 冯海霞：《我国旅游电子商务网站核心竞争力研究》，《经济论坛》2009 年第 4 期。

［4］ 高德兴、王琦：《试论民俗旅游中文化差异对主客交往的影响——以永定客家土楼民俗文化村为例》，《江南大学学报》（人文社会科学版）2008 年第 2 期。

［5］ 郭山：《旅游开发对民族传统文化的本质性影响》，《旅游学刊》2007 年第 4 期。

［6］ 黄华均：《蒙古族"约孙"的生态价值诠释——基于低碳和绿色发展的法理思考》，《新疆大学学报》（哲学人文社会科学版）2010 年第 4 期。

［7］ 简王华：《广西民族村寨旅游开发与民族文化旅游品牌构建》，《广西民族研究》2005 年第 4 期。

［8］ 江凌、陆文梅：《珠峰模式告诉我们什么叫生态旅游》，《民族团结》1999 年第 3 期。

［9］ 蒋丽芹：《少数民族村寨旅游资源开发与可持续发展战略研究》，《江南大学学报》2005 年第 4 期。

［10］ 金颖若：《试论贵州民族文化村寨旅游》，《贵州民族研究》2002 年第 1 期。

［11］ 课题组：《在贵州省梭嘎乡建立中国第一座生态博物馆的可行性研究报告》（中文本），《中国博物馆》1996 年第 2 期。

［12］ 李滨、王树林：《论中国旅游业实施政府主导型战略的必然性和必要性》，《哈尔滨商业大学学报》2002 年第 5 期。

［13］ 李蕾蕾：《跨文化传播对旅游目的地地方文化认同的影响》，《深圳大学学报》2000 年第 2 期。

［14］ 李莉：《旅游业中的民族传统文化与现代化问题浅析》，《昆明理工大学学报》（社会科学版）2005 年第 1 期。

［15］ 李世东、徐程扬：《论生态文明》，《北京林业大学学报》（社会科学版）2003 年第 2 期。

[16] 廉同辉、王金叶：《民族地区乡村生态旅游开发与新农村建设研究》，《西南民族大学学报》（人文社会科学版）2010 年第 11 期。

[17] 凌申：《滇西北村寨旅游刍议》，《小城镇建设》2003 年第 5 期。

[18] 刘晖：《西部地区民族文化保护与民族地区旅游可持续发展》，《青海社会科学》2002 年第 1 期。

[19] 刘魁立：《非物质文化遗产及其保护的整体性原则》，《广西师范学院学报》（哲学社会科学版）2004 年第 4 期。

[20] 刘纬华：《关于社区参与旅游发展的若干理论思考》，《旅游学刊》2001 年第 1 期。

[21] 罗永常：《民族村寨旅游发展问题与对策研究》，《贵州民族研究》2003 年第 2 期。

[22] 马晓京：《民族旅游开发与民族传统文化保护的再认识》，《广西民族研究》2002 年第 4 期。

[23] 马晓京：《民族旅游文化商品化与民族传统文化的发展》，《中南民族大学学报》（人文社会科学版）2002 年第 6 期。

[24] 潘定智：《贵州民族文化的旅游开发价值》，《贵州民族研究》1993 年第 1 期。

[25] 彭兆荣、闫玉：《论生态旅游、原生态旅游与原旅游》，《西南民族大学学报》（人文社会科学版）2012 年第 1 期。

[26] 彭兆荣：《"东道主"与"游客"：一种现代性悖论的危险——旅游人类学的一种诠释》，《思想战线》2002 年第 6 期。

[27] 任伊铭：《石家庄市旅游网站智能化评估分析》，《商业研究》2007 年第 3 期。

[28] 荣莉：《旅游场域中的"表演现代性"——云南省丘北县仙人洞村旅游表演的人类学分析》，《云南社会科学》2007 年第 5 期。

[29] 沈怡君：《浅析贵州省旅游电子商务发展现状及对策》，《贵州社会科学》2011 年第 2 期。

[30] 石艳霞、倪玲、管光扬：《电子商务网站竞争力指标体系研

究——基于资源场力的视角》，《图书情报工作》2009 年第 2 期。

[31] 宋才发：《论民族民间传统文化保护立法的意义》，《中央民族大学学报》（哲学社会科学版）2004 年第 3 期。

[33] 田艳：《民族村寨旅游开发中的利益补偿制度研究》，《广西民族研究》2010 年第 4 期。

[34] 王萍：《旅游人类学视角下的剑川石宝山歌会》，《生态经济》2005 年第 2 期。

[35] 王学文：《发展的欢歌与实践的悲唱——一个水族村寨的民俗旅游研究》，《原生态民族文化学刊》2011 年第 3 期。

[36] 王学文：《主仆与制衡——江西石邮傩的传衍》，《民俗曲艺》2010 年第 9 期。

[37] 王兆峰：《人类资本投资与旅游产业发展的区域差异研究》，《财经理论与实践》2014 年第 1 期。

[38] 温碧燕、梁明珠：《基于因素分析的区域旅游竞争力评价模型研究》，《旅游学刊》2007 年第 2 期。

[39] 巫钰程：《红色旅游·绿色旅游·彩色旅游》，《中国经贸》2008 年第 8 期。

[40] 吴必虎、余青：《中国民族文化旅游开发研究综述》，《民族研究》2000 年第 4 期。

[41] 伍乐平等：《乡村旅游与传统文化重构——以日本乡村旅游为例》，《生态经济》2012 年第 5 期。

[42] 肖坤冰：《民族旅游预开发区的文化保护预警研究——以四川汶川县阿尔村的羌族传统文化保护为例》，《北方民族大学学报》（哲学社会科学版）2012 年第 3 期。

[43] 谢彦君：《旅游地生命周期的控制与调整》，《旅游学刊》1995 年第 2 期。

[44] 徐新建：《开发中国："民族旅游"与"旅游民族"的形成与影响——以穿青人等为案例的评述》，《西南民族学院学报》（哲学社会科学版）2000 年第 7 期。

[45] 杨昌儒、潘梦澜：《贵州民族文化村寨旅游发展问题与对策》，《贵州民族学院学报》（哲学社会科学版）2004 年第 5 期。

[46] 姚顺增：《旅游区村寨的商品经济观念探析》，《民族工作》1998 年第 8 期。

[47] 张波：《旅游对接待地社会文化的消极影响》，《云南师范大学学报》2004 年第 2 期。

[48] 张铭远：《大力开发民俗文化旅游业》，《民俗研究》1991 年第 3 期。

[49] 张小军：《甘肃省旅游城市体系研究》，《中国人口·资源与环境》2006 年第 2 期。

[50] 张晓：《关于西江苗寨文化传承保护和旅游开发的思考——兼论文化保护与旅游开发的关系》，《贵州民族研究》2007 年第 3 期。

[51] 张晓萍：《从旅游人类学的视角透视云南旅游工艺品的开发》，《云南民族学院学报》（哲学社会科学版）2001 年第 5 期。

[52] 张中奎：《民族旅游预开发地区文化保护预警研究的价值》，《贵州大学学报》（社会科学版）2014 年第 1 期。

[53] 张中奎：《预警原则：民族村寨旅游预开发的实证研究》，《财经理论与实践》2015 年第 3 期。

[54] 赵洁、陈敏、张瑞：《C2C 电子商务网站竞争力综合评价研究——以淘宝网为例》，《情报杂志》2010 年第 3 期。

[55] 赵萍：《我国旅游网站建立核心竞争力的理论探讨》，《成都教育学院学报》2006 年第 2 期。

[56] 赵杨：《近年来我国民族文化资源保护问题研究综述》，《中南民族大学学报》（人文社会科学版）2005 年第 2 期。

[57] 中华人民共和国水利部：《水利风景区管理办法》，《水利建设与管理》2004 年第 5 期。

[58] 钟烁娜、吴必虎：《中外国际旅游城市网络旅游信息国际友好度比较研究》，《旅游学刊》2007 年第 9 期。

[59] 朱晓阳、谭颖：《对中国"发展"和"发展干预"研究的反

思》，《社会学研究》2010 年第 4 期。

三 硕士、博士学位论文

［1］Valenel Smith, Hosts and Guest：The Anthropology of Tourism［D］. Philadelphia：University of Pennsylvania, 1989.

［2］窦建丽：《喀什民俗文化旅游发展研究》，硕士学位论文，新疆大学，2006 年。

［3］何玉婷：《四川省水利旅游开发研究》，硕士学位论文，四川大学，2007 年。

［4］金度欣：《绿色旅游发展规划的理论与实践——以四川省成都市郫县友爱乡为实例》，硕士学位论文，四川大学，2002 年。

［5］万志康：《"绿色发展"的哲学探索》，硕士学位论文，扬州大学，2012 年。

［6］荀丽丽：《"绿色"的权威及其实践——内蒙古一个生态移民村的社区透视》，硕士学位论文，中央民族大学，2006 年。

［7］叶敏弦：《县域绿色经济发展差异化研究》，博士学位论文，福建师范大学，2014 年。

［8］曾歆然：《水利风景区旅游产品开发研究》，硕士学位论文，成都理工大学，2012 年。

［9］钟元邦：《绿色发展责任实现路径研究》，硕士学位论文，江西师范大学，2013 年。

四 文件、报纸及网络资料

［1］王梦：《谁是下一个"阿里巴巴农村淘宝项目"合作伙伴?》，农村网，http：//www. nongcun5. com/news/20150212/33598. html。

［2］中华人民共和国水利部：《水利旅游区管理办法（试行）》，1997 年 8 月 31 日水利部水管〔1997〕349 号通知发布。法律法规网，http：//www. 110. com/fagui/law_ 99567. html。

［3］《贵州省旅游业管理条例》，1999 年 9 月 25 日贵州省第九届人民代表大会常务委员会第十一次会议通过，自 2000 年 1 月 1 日起施行。法律法规网，http：//www. 110. com/fagui/law_ 192792. html。

［4］ 王小梅：《控拜：诉求与选择》，《贵州日报》2009 年 1 月 6 日
　　　第 10 版。

［5］ 贵州省文物局局长王红光：《2009 年全省文物工作报告》，
　　　2009 年 2 月 26 日。

［6］ 叶伟民：《汶川阿尔村：千年之变"羌"去何处?》，《南方周
　　　末》2009 年 5 月 7 日第 14 版。

［7］ 雷山县委县政府：《雷山县"十二五"旅游发展规划》，2011
　　　年 5 月。

［8］ 国务院：《关于进一步促进贵州经济社会又好又快发展的若干
　　　意见》（国发〔2012〕2 号），2012 年 1 月 12 日。

［9］ 《2011 年四川全年旅游总收入突破 2000 亿元大关的背后》，
　　　《四川日报》2012 年 1 月 31 日第 4 版。

［10］《2011 年云南省旅游总收入超过 1300 亿元》，云南网，ht-
　　　tp：//qcyn. sina. com. cn，2012 年 2 月 12 日。

［11］《贵州省 2011 年旅游总收入 1429. 48 亿元　同比增 34. 7%》，
　　　《贵州日报》2012 年 2 月 16 日第 5 版。

［12］孙亚光：《剑河新概》，http：//www. gz. xinhuanet. com/zfpd/
　　　qdnz/jh/jhxg. htm，2012 年 5 月 2 日。

［13］《贵州 2012 年旅游收入逾 1860 亿元　同比增长三成》，中国
　　　新闻网，2013 年 2 月 27 日。

［14］《全省 100 个旅游景区建设——黔东南州 2013 年度工作计
　　　划》，2013 年 7 月印。

［15］杜一力：《贵州旅游业发展对全国旅游业的意义》，新华网贵州频
　　　道，http：//www. gz. xinhuanet. com/2013－08/21/c_ 117037169.
　　　htm，2013 年 8 月 21 日。

［16］《中国建设报》2013 年 11 月 11 日专题三版，《第二批中国传统村
　　　落名录》，http：//www. chinajsb. cn/bz/content/2013－11/11/con-
　　　tent_ 109821. htm。

［17］成凯：《攻坚克难，开创贵州水利风景事业的新局面》，贵州
　　　省水利旅游网，2013 年 12 月。

［18］《2013 贵州旅游亮点频闪 旅游总收入 2370 亿元》，中国新闻网，2014 年 1 月 6 日。

［19］《习近平在贵州调研时强调看清形势适应趋势发挥优势 善于运用辩证思维谋划发展》，新华网，http：//www. gov. cn/xinwen/2015 –06/18/content_ 2881604. htm，2015 年 6 月 18 日。

［20］《十八届五中全会首提"十三五"十字发展理念》，新华网，http：//www. chinanews. com/gn/2015/10 – 29/7596646. shtml，2015 年 10 月 29 日。

［21］贵州省旅游局编：《2015 年全省旅游工作会议资料汇编》，2016 年 1 月印。

后　记

　　"民族旅游预开发地区的文化保护预警研究"这一课题出版之际，感慨万分。该课题从立项到结题，历经四年之久，期间存在三个变化，需要加给予说明。

　　第一，课题研究田野调查点的变化。贵州锦屏县文斗寨因地理位置较远，要从县城坐班车再转船才能到达。锦屏县委县政府短期内也没有投资开发当地民族旅游的计划，该田野点不能达到课题负责人论证课题申请书时的"旅游预开发地区"要求，故课题负责人决定将其换为四川省汶川县阿尔村，并交予课题组成员西南民族大学肖坤冰博士负责，以保证课题结项时样本分析的有效性。

　　第二，课题组成员的增加。在课题进行过程中，笔者指导的硕士研究生张智勇加入进来，积极参与课题田野调查及研究，他本科为旅游管理专业，其旅游学科背景对本课题有积极的帮助。结项时的五幅地图即为他所绘制。

　　第三，课题结项时间延期一年。因笔者作为贵州省旅游局的评估专家，参加贵州省 100 个旅游景区建设 2013 年中期检查工作，发现自己的研究内容需要进一步充实和深化。贵州省 100 个旅游景区建设于 2013 年年底完成，2014 年上半年笔者作为专家之一进行了验收。为了从中获取更多民族村寨旅游开发的情况，笔者将结题时间延期一年，即到 2014 年 12 月底结题。课题到期后，因论文刊发周期较长的原因，延至 2015 年 6 月才办理结题手续。

　　回首课题调查研究、查阅资料的日日夜夜，首先要感谢田野调查过程中给予课题组帮助的地方领导和田野点的父老乡亲。他们是：雷山县控拜村银匠协会会长龙太阳、鼓藏头龙鼎江；榕江县宣传部石雷、文管所所长梅承刚、大利村村支书杨秀康；荔波水利乡乡长蒙兄能、水利大寨村支书吴国利；六盘水市纪委书记黎平、梭嘎乡乡长吕阳光、梭嘎生态博物馆原馆长徐美陵；四川汶川县龙溪乡阿尔村的余永清、汶川县龙溪乡龙溪寨彭登科；雷山县副县长龙志波、西江千户苗寨的 李显发 大哥；黔东南旅游发展委员会主任范钟声以及许多不知名的朋友。其次要感谢《北方民族大学学报》（哲学社会科学版）、《财经理论与实践》、《贵州大学学报》（社会科学版）等率先刊发本课题的部分内容。最后要感谢课题组成员肖坤冰（西南民族大学）、安琪（上海交通大学）、张智勇（贵阳市花溪区政府）、张久瑛（贵州财经大学）、张云峰（贵州省社会科学院）以及学生宿莉晔等人，正是大家的万众一心，才使课题得以顺利结题。尽管还可能存在种种不足，但若这一课题达到当初设计的预想，对民族旅游预开发地区起到文化保护预警的作用，则为少数民族文化之大幸。

中国社会科学出版社卢小生编审及其他工作人员为本书的出版付出了许多努力，在此特别表示感谢。

张中奎

2016 年 5 月 15 日